TUNELI I DHËNDURËVE

Tuneli i dhëndurëve

Prozë nga SHKËLQIM ÇELA

Ilustrimi i kopertinës: *"Një qengj i ndarë nga e ëma – Gropovëth* (detaj) nga © Gjergji Çela.

JETË PLISI

Linda një ditë marsi, në perëndim të diellit. Kishim kohë që gëlonim në bark të fushës shtatzënë me ne, e ndërsa dita po rritej e po bëhej sa nata, ne e ndjenim se koha jonë po vinte. Dhe vërtet, më në fund ia behu ajo dridhje e largët për të cilën kishim dëgjuar, e pangjashme me asgjë, e rëndë dhe e mjegullt, nuk mund të ish alarm i rremë, asgjë nuk i ngjan trandjes së tokës prej zinxhirëve të traktorit, ka diçka tanku dhe lufte ajo zhaurimë që vjen gjithnjë e më troshitëse, derisa ndjemë të prerën fundore të barkut të fushës: dhëmbët e zinxhirëve kishin kafshuar më në fund në mish të saj. Po prisnim të tendosur. Ca zhurma të panjohura hekurash e hallkash e bënin edhe më të nderë pritjen. Derisa më në fund e kuptuam: traktorit po i ngjisnin një masë të rëndë metali, të errët e të mprehtë, atë që njihej si babai ynë - plugu. I thellë, me një shkëlqim në njërën anë dhe i ngrysur në tjetrën, si gjithë baballarët, ai u ngul në mish dhe bëri përpara i tërhequr nga zinxhirët e verbër drejtvizorë. Ndjemë rënkimin prej dheu që kurrë nuk është

5

kuptuar në vjen prej dhembjes, prerjes apo prej një kënaqësie që s'thuhet dot me fjalë, tokës iu morën mendtë, u rrotullua si në një qerthull ferri, qielli ra përmbys, tabani u ngrit lart, një erë e panjohur po hynte nëpër rropulli, e më në fund, i rënë përmbys e me flokë të rrënjtë mbi ballë, ra i pari kërthi i sapolindur, me një dënesë të padëgjueshme, por dhe aq të prekshme, plisi i parë, nga mijëra që do të vinin zinxhir më pas.

Unë prisja çastin tim, në anë të tokës që po bëhej arë, prisja duke parë sivëllezërit e mi mbështjellë në pelena avulli, afrimi i metalit ishte i ngadaltë, por i pashmangshëm, ajo dridhja erdh më e afërt se kurrë, një thikë horizontale po e priste dheun e ngjeshur si një rriskull pjepri, dëgjova një mijë qarje urithësh të plagosur e vrarë nga ai teh i pamëshirë, provova tmerr, tmerrin e lindjes, tmerrin e jetës, i pangjashëm me asgjë dhe i paemër, pasi ndodh vetëm një herë… në jetë… Por tani ishte shumë vonë për të ndrequr diçka, hullia vërshoi pa kuptuar, rrotullimi ishte pa dhimbje, përmbysja pa jehonë, e ashtu përmbys hapa sytë, pashë për herë të parë qiellin, ndjeva ajrin, isha një plis i ri, i sapolindur, doja të thosha diçka prej mrekullimit, lëngu i tokës mu mblodh në kapilarë, dhe njomja ishte e pashmangshme. Po qaja, si çdo i porsalindur, mbi dheun, një dënesë pranverore.

Ndodhesha në cep të arës së lëruar. Pas meje vinte një ledh me flokë të çuditshëm bari të vjetër. Asnjë plis asaj ane: kisha qëlluar një qenie kufitare. U lava në dritën e fundit të diellit, mbi mua u mpiks një cipë e thatë, lëkura ime. Pashë brenda arës, mijëra binjakë rrinin ngjitur, sup me sup, më të drejtë se unë, më të rregullt. Më erdh pak keq për veten, isha i vetmuar ashtu si në anë të asgjësë. Plisi ngjitur ishte i rregullt si të tjerët, ai po flinte një gjumë të thellë, aq përmbys, a thua kishte vdekur.

Pas ca ra mbrëmja e pastaj nata me ca yje që, të mbledhur nga të ftohtit, shkëlqenin edhe më shumë, si cërka akulli nëpër qiell. Doja të flija edhe unë, por nuk më linte ajo dritë e marrë. U bë ftohtë. U bë natë. Lëngu brenda meje zu të bëhej më i fortë, u ngurtësua, mora vesh më vonë se kësaj i thoshin ngricë, nuk më pëlqeu ai ujë i kallkanosur ashtu, por më duhet të pohoj se brenda meje ndjeva një shkrifërim të çuditshëm, të pazë, brinjët sikur m'u zbërthyen pak, plotëria ime ishte më e derdhur.

Të nesërmen kur zbardhi, pashë se edhe plisat e tjerë ishin gjithashtu si më të shkrifëruar. Ata po flisnin me njëri-tjetrin. Mirëmëngjes. Mirëmëngjes. Një murmurimë gjigande u shpështoll mbi arë. Doja edhe unë të flisja, por plisi ngjitur meje më kish kthyer krahët, po jepte e merrte me të tjerët, ai nuk u soll kurrë nga unë, sikur s'isha. Pashë në anën tjetër të ledhit, ku ara mbaronte, por prej andej nuk vinte asnjë zë. Isha përfundimisht një plis i vetmuar në anë të botës.

U mësova me vetminë time. Një plis mësohet me të gjitha. Koha filloi të ngrohej e kjo e bënte gumëzhimën e ditës aq të gjallë, saqë e harroje vetminë.

Erdhën zogjtë. Të pakët në fillim, pastaj buitën nga të katër anët. U shpërndanë mbi ne me një gëzim të çuditshëm që i thoshin cicërimë. Shpesh ndodhte që ndonjë prej tyre qëndronte mbi mua. Sollën lajme pafund. Asnjëherë s'e mora vesh nëse flisnin vetëm me njëri-tjetrin, apo edhe me ne. Ç'nuk thoshin! Jepnin e merrnin për ç'ndodhte e ç'kish përreth. Mora vesh që ka edhe ara të tjera si e jona, plot plisa dhe ato, si dhe që ara më e afërt, fill pas kthesës së papritur që bën rruga e madhe me baltë e fshatit, quhej "Ara e Gjatë", ndërsa e jona "E mullenjave". Këto, mullenjat, qenkeshin zogj dimri, por unë s'e di ç'është dimri, dimër nuk kam parë kurrë, sepse kam lindur në pranverë. Edhe njoh vetëm këta, zogjtë e pranverës. Ata flatrojnë gjithë ditën e kur bie mbrëmja, zënë e rrallojnë, e sa më shumë rrallohen zogjtë, aq më shumë stërpikin yjet, sikur ara kthehet përmbys e zbrazet nga fluturakët që bien mbi qiell një e nga një, si shpirtra që ndrijnë.

Kur mbrëmja në fund bëhet natë, i dëgjoj prapë ata, dy zogjtë vetmorë që duket se i flasin njëri-tjetrit. Cicërima e tyre nuk është gëzim. Madje kam frikë mos është e kundërta. Dëgjova nga zogjtë e ditës që ata të dy kërkojnë njëri-tjetrin prej kohësh që s'mbahen mend, pa mundur të takohen dot asnjëherë. Si e pse, nuk e di. Unë i pres tani kur bie nata e qielli mbushet me ata shpirtrat që ndrijnë. Nga zemra e thellë e natës këputet thirrma e parë: Gjin! Një tingull i vetëm. Gjiin. As thirrmë nuk mund t'i thuash, sepse thirrma kërkon, kurse ai zë duket sikur nuk ka shpresë. Gjiiin... S'kalon shumë dhe nga një tjetër brendësi e s'dikushme e natës vjen përgjigjia: Gjon! Edhe kjo njërrokëshe. Gjoon. Jam i sigurt që e kanë dëgjuar njëri-tjetrin. Pason një heshtje që të rëndon edhe më zi se nata. Pastaj, si të ish një pikë që u zmadhua me lëng terri, nga streha e natës këputet përsëri: Gjin. Pika tjetër është pjekur e tejpjekur ndërkaq, dhe bie po ashtu, një dardhë e rënduar prej majës: Gjon. Kështu kalon nata. Përnatë. Kam frikë se pas kaq kohësh ata të dy mbase kanë frikë ta shohin shoshoqin. Mbase duan vetëm të dëgjohen. Nuk jetojnë dot ndryshe, veç si të pamundur. Madje, ma do mendja se ata duhet të jenë verbuar ndërkohë - për çfarë mund të hyjnë në punë sytë në natë? Kam

8

dëgjuar se shqisat e zogjve rrëgjohen prej mospërdorimit, sytë u mjegullohen nga nata, si lakuriqëve të muzgut. Ata të dy do të jenë pajtuar me fatin e tyre - më tingëllojnë gjithqysh e megjithatë, të mençur – ashtu sikur unë jam pajtuar me fatin tim prej plisi të vetmuar, në cepin e Arës së mullenjave, ku nuk vë dot gjumë në sy prej këtyre netëve gjingjonse.

Një ditë ia behu prapë traktori i kuq. E pamë të gjithë se si u shfaq pas kthesës së papritur të udhës së fshatit pas arës së gjatë. Nuk kish plug të rëndë pas vetes, por disa rrotulla të mëdha, të çuditshme, me tehe të ndërprerë, që hidheshin e priteshin gazmueshëm mbi udhë. Traktori hyri në arë, rrotullat e mehën pak lodrimin, tehet e tyre të vegjël u ngulën mbi plisat, i thyen ata, por pa dhembje; butë, por pa dashuri. Si një thyerje buke. I pashë tek kaluan fare pranë meje, por pa më cikur, me ato feksje metalike e marramendëse të diellit mbi to, tek u ngulën si dhëmbët e fëmijës në gurabije mbi plisin ngjitur, i cili u copëtua në pjesë të vogla, të njëtrajtëshme, të shtrira njëlloj. Prita më kot që rrotullat të vinin mbi mua xhiros tjetër. Mbeta siç qesh gjermë atë çast: i madh, i pathyer. Shikoja arën që u nivelua befas, njëtrajtësisht, me plistha të rinj, që shumë pak dallonin nga njëri-tjetri. S'dija ç'të thosha e ç'të mendoja, kjo ish e papritur. Kur traktori iku me vetësiguri, si dikush që nuk ka harruar asgjë me vlerë për t'u kujtuar, zogjtë buitën edhe më të çakërdisur. Prej plisthave zhurma e tyre erdhi plot laryshi, e nuk merrte vesh i pari të dytin, flisnin të gjithë njëherësh... mësova prej plisthave se ata mendonin se tash ishin "të kultivuar" prej atyre disqeve a diskove... dhe mua më shihnin me përçmim e keqardhje, madhësinë time e quanin "të pagdhendur". Nuk dija as ç'të ndieja, sepse nga njëra anë kisha kërshëri për atë botë të kultivuar, kurse nga ana tjetër edhe s'më vinte mirë të rrëgjohesha ashtu, si ata.

U ngroh. Ditët u zgjatën dukshëm më shumë se nata. Përpos zogjve, mijëra gjallesa të tjera, më së shumti insekte, gëluan në të katër anët. Por këto s'po më çudisnin më aq sa më parë. Këtë po e merrja si shenjë rritjeje.

Erdhën përsëri me traktor, këtë herë me një si hasër me dhëmbëza, që i shkriferoi akoma më shumë plisthat e vegjël. Më zu një trishtim kur e pashë arën të shtruar asisoji, por ky trishtim u zhduk më shpejt se vesa e mëngjeseve të tanishëm. Vërtet që po rritesha. Më zuri veshi fjalën "mbjellje" dhe u zgjata një çikë më shumë të dëgjoja se ç'do të thosh kjo. Kuptova. Do hidhnin ca kokrra të vogla të quajtura "fara", për të cilat ishte përgatitur ara. Ara do mbarsej përsëri, si dikur me ne, dhe këtë radhë do të lindte bimë. Ndjeva bosh përbrenda: unë nuk isha gatitur për farë, si të tjerët.

Mbjellja ndodhi një mëngjes të hapët të një dite të mrekullueshme. Duar të stërvitura hodhën ato kokrrat e verdha që ranë midis thërrimeve të ish-plisave, butë e pa u vrarë. Ato do të mbuloheshin lehtë me dhe prej shirave e do të mbinin. Do të nxirrnin fletë të gjelbra, të njoma e të holla. Zot, sa bukur, thashë. E më kaploi përsëri trishtimi, më pëlqeu për herë të parë të isha i thyer, si plisat e tjerë, i rrëgjuar, i zhbërë, thjesht për atë mrekulli. Farëhedhësi, kur kaloi pranë meje, i dha pak më shumë dorës, dhe njëra nga ato kokrrat e verdha erdh u përplas mbi mua. Ia ndjeva prekjen e lëkurës së fisme si prej floriri. Por ajo kërceu dhe ra tutje, lëkura ime e ashpër nuk kishte vend për të.

Pas shiut të parë të butë, i cili nuk vonoi shumë, ara u gdhi ndryshe, ndihej menjëherë që ajo ishte plot dhe pas ca do të shpërthente. Pranë arës, i pambjellë, vëzhgoja i përqendruar mbirjen e bimëve. Ditën që dallova fletëzat e para të gjelbra, nuk dita ç'të bëja, a të qeshja a të qaja. E teksa u tërhoqa i thyer nga dyzimi, papritur e me ngadalë ndjeva brenda rropullive të mija një guduli të çuditshme, si ajo e kapilarëve të ngrirë që shkriftonin, diçka po më lëvizte vërtet brenda, hynte përmes të çarave të brendshme, dhe çasti kur kuptova që edhe unë… mund të mbartja një bimë, më shkreu përsëri në dënesa.

Pa asnjë dyshim që kisha një bimë në barkun tim, dhe vetëm kur më doli dalldi e gëzimit, u bëra mbarë të pyes veten: e di nuk që është farë e sojme si ajo që u hodh në fushë, por ç'do të jetë vallë? Rrija mënjanë si me turp për sekretin që e dija vetëm unë; nuk dija ç'po më rritej në bark, por kjo nuk kish rëndësi, rëndësi kishte që ishte imi, imi, punë e madhe se nuk do t'ish si ato fletë të gjelbra që kishin pushtuar ndërkaq arën mu si veshë të vegjël lepurushësh.

Ditën që bimëza ime nxori gjethet nuk do ta harroj kurrë. Askush nuk e vuri re, askush nuk u mor me mua, por as unë nuk kisha nevojë, e as nge, për ndokënd, isha plis lehonë, era që vinte me ca vrunduj të rrallë nuk thante veç lëkurën time, por përkundte lehtë edhe atë gjeth të blertë, gisht fëmije cipëhollë që donte përkujdesje.

Bimët në arë po rriteshin shpejt, por edhe imja po hidhte shtat. Nuk e kuptoja ç'lloj bime ishte akoma, por me çdo ditë merrej vesh që nuk qe si ato të tjerat.

Ishte një gjemb. I sertë, por me lule të bukur. Një arsye më shumë që pranë meje të mos afrohej kush. Me përjashtim të ca bletëve e grerave që ia behën kur panë lulen e tij të bukur manushaqe. Vetëm ato dhe unë e shihnim atë përndezje all prej mëndafshi. Të tjerët ruheshin, kishin frikë. Sepse të tjerët nuk rrinin dot pa prekur. Dhe fajësonin të prekurin për këtë.

Koha u nxeh, ara nuk dukej më, plisthat e vegjël kishin vdekur të gjithë, nga andej vinte vetem fëshfërimë gjethesh të gjelbra, pas ca do vinte korrja, dëgjova prej zogjve, të cilët ishin shumë të ngacmuar nga kjo, korrje do të thoshte shumë kokrra, si ato që hodhën kur e mbollën arën. Punët e njeriut janë të çuditshme, njeriu mbledh atë që hedh.

Gjembi im u bë burrë, lulja iu zhduk, tani ishte vetëm gjethe e deje. Tani përfundimisht nuk na afrohej kush. Filloi një limonti prej familjeje dhe zhegu. S'na donin, u mësuam. Deri sa një ditë ndjeva ca këmbë të tmerrshme që po afroheshin, këmbë avdalle, të cilat më tmerruan, s'di se pse; ishin këmbë të çuditshme, me një thundër të vetme poshtë, këmbë të shëmtuara, një bark i shpifur me qime të shkurtër, ku gjallonin dhjetëra miza, edhe ato po aq të shëmtuara, me një bzzz bezdisës, si gjithçka tjetër tani në zheg. U rrënqetha dhe nuk u gabova. Pashë se si u afruan buzët e tij të llahtarshme, me një lloj epshi prej druri, dhe bënë të pamendueshmen, kafshuan gjembin tim... dëgjova se si përtypte ajo bishë kockat e kërcet e krijesës sime, që u kapërdi më në fund në atë gurmaz përbindësh. Gjembat, të cilat na kishin dhënë edhe privatësinë, edhe vetminë, nuk e penguan aspak atë mbllaçitje të tmerrshme, madje m'u duk se gjembat ishin pjesa e parapëlqyer e asaj ezhdërhaje. Pasi e gllabëroi gjembin, ai iku përsëri sikur nuk kish ndodhur gjë, me të njëjtën plogështi ulëritëse, duke tundur energjikisht vetëm bishtin e krupshëm për të larguar mizat. Mbeta aty pa fuqi për të rënkuar, me kërcellin fundor të gjembit tim të zhvoshkur, i cili po thahej me një shpejtësi të pabesueshme. Në zemrën time, lëngjet që i ndryja për të, qenë gati të arratiseshin për dënesën e radhës. Dënesë e thatë vere.

Ara është shëmtuar shumë pas korrjes. Kërcejtë e prerë shkurt s'të thonë asnjë emër. Për ta s'mund të të vijë as keq. Unë jam tharë e mplakur. Rrëgjuar po ashtu, nga shirat e shkuar dhe era. Por ende mbahem. Mendoja se nuk do të ndodhte asgjë me jetën time – e ç'të ndodhte më shumë – por s'paskësh qenë e thënë. Në ajër vërtitet një push i lehtë, era sjell gjithfarë thërrmijash, jo vetëm pluhur, dhe një ditë vura re një parashutëz pushi që po zbriste krejt e shlirët, nga e çonte (h)era, nuk dija e ç'luleje ish, por që ish një farë e mora vesh menjëherë. Ishte si dashuri prindi që mbijetoi fëmijën, dhe dëgjon një të qarë foshnjeje. E prita me kureshtje atë rënie, sepse mendova që po ashtu do të ketë bujtur tek unë fara e gjembthit tim dikur, dhe që nuk do t'ish keq nëse do lindja prapë diçka të ngjashme, mbase me fat pak më të mirë. Fara erdhi fare afër, e me siguri do të kish rënë në ndonjë nga xhepat e mi pritës, por në çastin e fundit një gulsh ere e shtyu tutje, e pashë si ra, mu si një rënkim mbi truall, në fakt isha unë që rënkova, mos!... edhe u përpoqa të mos e shqisja nga sytë, por s'kaloi shumë dhe gulshi tjetër e treti përfundimisht.

Unë e dua farën time. Këtë e di me siguri tashmë. Kam xhepa, si kangurët që tregojnë ata zogjtë e ardhur vonë, ku do ta mbaj ngrohtë gjithë dimrin, mbuluar me dëborë, derisa ditët të zgjaten prapë, e pastaj të shoh ç'do dalë, ç'lule e re do jetë, e ndryshme nga ato fletët e gjelbra në arë, e egër, por e imja, imja...

* * *

Plisit një ditë i erdhi fara e vet, natyrisht kur s'e priste. Një milingonë e rrëzoi atë pa dashur dhe nuk u përpoq ta merrte më. Mbase e trembi guva e thellë në të cilën ra zahireja e saj. I mrekulluar nga pritshmëria, plisi u mbështoll edhe më në fatin e vet.

Kur ra dëbora e parë, plisi, që tash nuk ish më veç një ngritje e beftë dheu, u lumturua për ekzistencën e vet, e cila u pajis papritur me një qëllim. U shtri e u pështoll edhe më, e megjithatë gjithnjë dukej si një plis i bardhë mbi një kokë të dhembshur.

TOKAT E ÇARA

Fjalët e plakës Qefsere erdhën prapë në gjuhën e pakuptueshme. Në fillim askush s'ia kish marrë vesh se ç'thosh, më vonë u ftillua që ishte një dialekt i vjetër sumer. Dhe kuptuan që toka duhej të ishte zmadhuar përsëri. Sepse kjo ndodhte sa herë Qefserja, plaka sybardhë e Allgjatëve, fliste përçart dhe nga goja i dilnin ca zanore, të cilat Faslliu, i lexuari i nënprefekturës, i quajti "kunjiforme". Gërma kunji. Të rinjtë entuziastë të fshatit, të cilët tashmë nuk prisnin veç që plakës t'i binte ndonjë nga ato zalitë e saj (Faslliu e kishte patur gati edhe për to një emër nga ata të fandaksurit: *epilepsi*, thoshte), ia behën me ca litarë të gjatë në duar për të matur largësitë midis shkëmbenjve e rrepeve, se mos qenë larguar nga njëri-tjetri. Punë e vështirë shumë, pasi për dreq litarët kokolepseshin nyje ose nuk tendoseshin njësoj për çdo herë.

Provën e parë për fryrjen e tokës e patën kur shtëpia e Nasufit në matjen e tretë u doli disa pashë më larg nga shtëpia e Zylyftarit, krahasuar kjo me dy matjet e mëparshme. U zmadhua, u zmadhua, thirri grupi i dalldisur nga zbulimi. Kërkuan gjithë përroin mes shtëpive për të parë ndonjë të çarë a shkarje, por nuk gjetën gjësend. Filluan t'ia ngulnin sytë Faslliut me një pritshmëri bojë tulle, që hë, ty të kemi për këto gjëra, pse s'po shohim gjë, këtu dëftona sa të vlejnë ato tepsirat e epilepsirat që na mollois. Se litarët tjetër gjë na thonë. Atëherë Faslliu sëlloi me diçka që s'e kishte bërë kurrë më parë, shkuli nga sëndyqi një libër frëng të një farë Zylo a Zhylo, me llagapin si vernik, i cili sipas Faslliut, kish shkuar gjer në qendër të Tokës. Ai nuk e hapi fare librin, por ia tundi para hundëve gjindjes mosbesuese. E ku dini gjë ju, bubulliu! Ju doni që të hapet Shkëmbi i Martallosit që të besoni. Ai libër i mbyllur e i tundur më fort se një ferman, ishte dëshmia më e qartë që toka e kish bërë prapë të pabërën. Iljasi qe hedhur, me një shpresë të fundit për autorësi zbulimi, e kish thënë që kumbulla shahine e Hajdarit sikur dukej më e anuar se më parë, dhe se nën të kishte një shkarje gjatësore ledhi, por të gjithë e dinin zilinë e tij të fshehtë për Faslliun e lexuar. Nuk ishte e vështirë të kuptohej cmira e Iljasit. Ai i merrte librat me zell të madh që ta arrinte në punë lëçitjesh konkurrentin e gjithëdijshëm, vihej t'i lexonte, por mërzitej për vdekje aty nga paragrafi i dytë; ndërkaq shpirti i bëhej i madh, ia falte Faslliut epërsinë, me qepallat bërë plumb saora – nuk thonë kot që librat të lartësojnë shpirtin – dhe i gjithë pathosi i fashitej. Librat veç zemërmadhësisë, jepnin edhe një gjumë të thellë, të qetë, të patrazuar nga lodhja e syve të pamësuar.

Kur Qefseren e zuri "tartakuti" për herë të parë dhe nisi të fliste përçart me fjalë të çuditshme, gëlbaza rrokjesh, a thua kishte tërbimin, menduan që jermi ishte në turçe të vjetër. Thirrën Qamilin që kish qenë dervish dikur, se mos kuptonte gjë, por ai

kish tundur kokën, duke thënë "haber fiqir". Dhe ishte larguar si
një i mundur nga beteja. Do jetë gjuhë tjetër, e mbase kjo nuk është
sëmundje hiç; pa thërrisni Fasllinë, ai çoku merr vesh nga këto
nasihatet e terxhumanit e na thotë gjëkafshë, e mbase edhe e
nomatis. Faslliu e kish dëgjuar me vëmendje të madhe, dhe pastaj
kish kërkuar një kafe nga tronditja. Ç'është, o hair? kishin pyetur.
Është një gjuhë e vjetër shumë, kishte thënë Faslliu. Nuk është as
gjermançe, as gjuhë frëngu. Është sumeriançe. Dhe thotë që toka,
lëmshi i dheut po fryhet. Gjindja kishte shqyer sytë. Allah, Allah.
Ç'do ndodhë, o shati, ndonjë tërmet, a çfarë? Nuk e di, kishte
tundur kryet Faslliu, por thotë që do ndodhë javën që vjen. Kështu.

Kishte lënë filxhanin me mëdyshjen a ta kthente apo jo, por
para profecisë së Qefseres, ato fallet e vogla me të kthyera filxhani
dukeshin si gjepura në hënë. Po ngrihem tani, do më falni mua,
kishte thënë Faslliu me fytyrën e ngrirë si prej ngërçi sumer. Dhe
kishte dalë me hapa të qetë, por të rëndë. Me ikjen e tij frika sikur
u shtua më shumë, edhe pse plaka u qetësua krejtësisht dhe po
flinte e këputur. Të nesërmen Arifi e ngriti këngën: *zunë malet e
rënkojnë, se sumerët po njoftojnë.* Pritën për tërmet gjithë javën, me
frikë në zemër. Asgjë nuk ndodhi, dhe shi kur donin ta qortonin
Faslliun, natën e shtatë, ra një shi me gjyma dhe lumi që u fry si
përbindësh e mori ç'gjeti përpara duke lënë zall të ri e ca peshq të
ngordhur përanash, ua zuri në grykë qortimin e i vuri në
mendime, se gjërat ndonjëherë nuk janë aq të sigurta sa duken. Aq
më tepër që lumi para se të vinte papritur, zuri e gjëmoi me një
hungërimë të largët, uturima të fuste tmerrin. Edhe këtë e shpjegoi
më vonë Faslliu: zëri vjen më parë se ujët, tha. Është më i shpejtë.
Prandaj. Kështu.

Dhe kishte ikur prapë me një hije të fshehte që i shkonte shumë. Për fryrjen e tokës nuk i thanë asnjë fjalë. Por shihnin pak si me kërshëri ndonjë tog të mbirë dheu që s'e patën parë më përpara. Se ku i dihet.

Kriza e dytë e plakës qëlloi një ditë vere, nga ato me zheg dhe gjinkalla, kur jo shi, por as vesë nuk duket gjëkundi. Ditë kur plas derri, që thonë. Fjalët sumere u thanë prapë, madje gruaja që i rrinte te koka Qefseres, tha se nja dy nga fjalët i mbante mend që nga hera e parë. U thirr Faslliu për verifikim. Është i njëjti lajm, tha. Do fryhet planeti. Do bymehet. Gratë bënë sikur po çirrnin faqet. Burrat ndezën duhane të rëndë me llulla që tymosnin lëngshëm një katran të vjetër. Kur? pyetën me zë të shuar, nga dridhja e pejzave të zemrës më shumë se ato të gabzherrëve. Nuk merret vesh qartë, tha Faslliu. Është shumë obskure. Fjala e fundit i tromaksi të gjithë. Deh, or hall i madh, deh. Ishim mirë, ç'na u poftis kjo plakë me habere, thanë burrat e rëndë. Disa djemuri e pritën me gëzim lajmin. Shyqyr, të ndodhë diçka, thanë, se u mërzitëm për vdekje pa një vaki. Por burrat e rëndë u mrrolën mbi mustaqe. Rrini urtë, se s'janë për t'u hargalisur këto gjëra, thanë. Agua kujtoi se si kish parë me sy të tij një ortek tek u këput nga faqja e malit, në kohët e para, kur bëntë një kurs për roje finance në Italinë e Veriut me njerëz që flisnin gjuhën e gjermanit. Rrapua tregoi për Shpellën e Gradecit, si ishte çarë një ditë kur s'i vinte mendja njeriu hiç; askush s'e pyeti ku e dinte, ca gjëra merren me mend. Tani nuk po vinin më në dyshim fjalët përçart të plakës me sëmundjen e tokës, por po vinin në dyshim tokën me sëmundje, pse nuk e rrëfente ajo ku po ënjtej? Shikonin me pezm visoren përreth, ato vija malesh që i njihnin aq mirë, por që papritur po u dilnin të pabesa, sepse s'po luanin vendit. Disa djem filluan verifikimin, kështu e quajtën. Vinin gurë të rëndë në pika fikse, ku maja e malit dhe kulmi i një çatie ishin në vijë të drejtë. Si vijë shënjimi pushke, maja e malit ishte thepi dhe çatia ishte shqekëza. Dhe aty nisën kundërshtitë e para. Pasi ditën tjetër, kur erdhën për të parë nëse maja e malit ishte ende në vend, verifikuesit u ndanë në dy grupe kundërshtare. Në ata që thanë se mali nuk kish luajtur aspak dhe të tjerët që thanë se kishte luajtur pak. Në anën e "të luajturve", siç u pagëzuan me idhtësi nga pala tjetër "realiste", pati gjithashtu kundërshti, pasi disa thanë që mali kishte lëvizur pak djathtas, ndërsa disa të tjerë që ishte anuar majtas. Fjala që hapi dikush, se të luajturit e kishin zhvendosur pak gurin natën fshehurazi nga vendi fillestar, e bëri gjendjen edhe më të ndezur dhe i dha sherrit nota "ontologjike" (Faslliu). U fol për përgatitje për rrahje nga të dyja palët, por kjo nuk u vërtetua asnjëherë. Rrahje nuk pati. Por kërkimet vijuan më tej. Mali në fakt po dukej si më i anuar. Sikur do vidhisej çdo çast. Matjen e parë e bënë pasi dëgjuan dikë që tha se stalla e Arës së Gjatë sikur ish larguar pakëz.

Edhe këtu dy grupet kundërshtare u hëngrën me fjalë në fillim, sepse verifikimi ishte i vështirë. Nuk pati fitimtar në kërleshjen me fjalë, ndaj morën litarë dhe matën largësinë nga rrapi i qendrës tek muri i përparmë i stallës. Litarët u shenjuan. Vajtën ditën tjetër të masnin përsëri, me shpresën se stalla do t'ish larguar ca qysh nga dje. Por i gjithë verifikimi u doli shumë më i vështirë nga ç'e kishin menduar. Sepse tendosja e litarëve hante ose shtonte si pa të keq disa metra që nga rrapi. Në një nga matjet e përsëritura që bënë, dilte sikur stalla ishte afruar me disa metra, ç'ka do të thoshte se toka po tkurrej në vend që të fryhej. Aty u dëgjua Faslliu që psherëtiu: "ah, të kishim një teodolit"! Askush nuk e pyeti ç'ishte ky alet që u përmend. Por të gjithë ranë dakord që ai duhej shumë në kokolepsje si kjo. Dhe s'do mend që në partinë e të luajturve u krijuan aty për aty krahët e "tkurrsave" dhe të "bymyesve". Tkurrsat ishin më të pakët në numër, por ishin më të përgatitur në grindjet e mbrëmjes te rrapi rrëzë të cilit litarët matës rrinin si gjarpërinj që flinin në dimërim. Ata thanë se dheu tkurret gjithnjë, se e merr era, e gërryen lumi. Seç folën dhe për ca yje xhuxhër, të cilët mpakeshin si pleqtë që u rrëgjohen kockat, gjë që i bëri bymyesit të gajaseshin, po yje ulokë a ka, thanë gjithë qesëndi. Ishte radha e tyre për argumente solide; dëgjuan një ditë Faslliun që foli për pluhurin kozmik, i cili bie pa ndërprerë mbi tokë duke i shtuar kësaj disa kilogramë çdo vit, dhe e bënë këtë argument mushkë beteje. Gjersa dikush u kujtua dhe tha që toka nuk ka pse fryhet e shfryhet çdo ditë. Pra duhej pritur kur të vinte kumti dhe hera.

Dhe kumti erdhi me dambllanë dhe përçartjen e plakës në një gjuhë që natyrisht s'merrej vesh. Masat ishin marrë qysh më parë. Dihej që do fryhej, apo makar edhe do shfryhej, gjithë puna ishte kur? Midis shtëpisë së Nasufit dhe Zylyftarit trualli ishte më i sheshtë se gjetiu. Morën litarët dhe djemtë më të shëndetshëm të fshatit, i shtrinë ata sa më ndershmërisht të ish e mundur, pa menduar për interesin e vogël të sektit ku përkisnin, por për të vërtetën. Sepse e vërteta të çlironkësh, o llah, qe fjala. Dihet kush e tha atë citat. Mes rezidencave të Zylos dhe Nasufit, të tendosur nga pritja, litarët u nderën më shkencërisht se "lavjerrësit e Fukosë" (ah, Faslli, të hëngërt një tënjë, të hëngërt, jarabi!). Matja tregoi që toka nuk kish lëvizur. Metrat e fundit, të pritur me zemër të dridhur, treguan që asgjë nuk kish ndodhur. Grupi i "realistëve", u gëzua, i shtrënguan dorën shoku-shokut, dhe panë me një mëshirë të hapur kundërshtarët. Këta ishin tkurrur vetë dhe nuk kishnin asnjë argument kundër, pasi matja ishte bërë nën kontrollin e rreptë të komisionerëve të caktuar nga të dyja palët. Derisa njëri nga të luajturit, duke krehur flokët me gishta, si të ish duke plotësuar dëshirën e fundit, tha: E megjithatë, lëviz!

Shpresat nuk u humbën, sidoqoftë. Toka duhej t'i nënshtrohej besimit të tyre, dhe jo anasjelltas. A nuk thuhej që besimi lëviz malet? Ata ishin gati që me forcën e zemrës dhe të dëshirës t'i lëviznin ato të uruara male që dukej sikur kishin zënë rrënjë, vetëm që t'u dilte fjala. Kjo shpjegon edhe zellin e tyre për të rimatur përsëri largësinë Nasuf-Zylyftar, kur plaka Qefsere parashikoi përsëri. Realistët shkuan me qesëndinë e përzjerë me bezdinë e atij që është i sigurt në fitore; kish një farë fjetjeje mbi dafina ogurzeza vetësiguria e tyre, eh, ç'na detyroni prapë të bëjmë të njëjtën gjë, aman, hajt, po jua plotësojmë edhe një herë dëshirën, vetëm ju të bini *rahat*. E bënë matjen pikë për pike, siç e kishin bërë për herë të parë. Dhe në metrat e fundit, panë gjithë me zemër të dridhur sesi litarët po mbaroheshin më shpejt se hapat e tyre drejt shtëpisë; skaji i fundit i litarit dha shpirt përpara se të arrinte murin e Zylos. I vdekur, ai dukej si dëshmor, që me baluket e fijeve të dala e të shthurura rënë mbi ballë, dëshmonte bymimin. Bymyesat brohoritën. Fitorja dukej përfundimtare, pasi ata e kishin pranuar humbjen e përkohshme më parë. Ndërsa palës realiste dukej sikur festimi i ngadhënjimit të mëparshëm po u dilte nga hundët në formën e duhmës së shpeshtuar nga pezmi. U fol për një aleancë të re midis tyre dhe tkurrësve, megjithëqë nga pikpamja botkuptimore, ata duhet të ishin palë me bymyesat, pasi kishin të përbashkët besimin në ndryshimin e vëllimit të tokës.

Shenjat e fryrjes së tokës nuk dukeshin megjithatë gjëkundi. Ato kërkoheshin dëshpërimisht. U hap fjala se bariun Nasip e kish përpirë dheu me gjithë tufën e dhënve, ngaqë ky nuk po kthehej me kohë në fshat. U treguan hollësi sesi Nasipi kish mbetur në njërën anë të honit të krijuar nga fryrja e dheut, ndërsa tufa në krahun tjetër. Thirrjet e Nasipit në erë ishin si ngashërima dimri dhe kuisje zemre. Delja manare kish dashur të shkonte drejt tij si vetëtimë – u kujtuan vargjet e poetit "kur dëgjon zëthin e s'ëmës, qysh e le qengji kopenë". Pastaj zakoni i dhënve që ndjekin qorrazi të parën që ikën, dhe e tërë tufa përpihet nga gremina bymyese. Nasipi ishte hedhur të shpëtonte gjënë e gjallë..., i jepej fund me nota heroike e shpirtkëputëse rrëfenjës së krijuar aty për aty.

Besimi kërkon shenjtët e tij. Nasipi ish gati për shenjtërim, u hamend edhe emri i vendit të parashenjtë: "Tek kanionet e Nasipit". Kur nga mesnata në rrugët e fshatit u dëgjuan këmborë që ktheheshin nga kullota, Nasipi që u vërshëllente e i drejtonte "brr, brr", ndërsa tufa çante errësirën për tek stalla. E kishte zënë gjumi, tha, që s'ishte kthyer më herët nga kullota. Delenxhiu! Dukej sikur ishte e thënë që bymimi i tokës të mbetej një ngjarje pa dëshmi dhe shenjtor. Dhe toka bymehej çdo orë nën këmbët e njerzve. Vidhi i Shemes largohej përditë. Degët e rrepeve dukej sikur thoshin lamtumirë. Shtëpitë sikur donin t'i iknin njëra-tjetrës një orë e më parë. I pari që u mundua ta shfrytëzonte bymimin e dheut për përfitim financiar, ishte Selfua. Ai këmbënguli që njëra nga arat që do shiste ishte e bymyer, kishte edhe dy dynymë më shumë. Blerësi, që ishte fqinji, nuk pranonte kurrsesi. Është e pamundur, thoshte, unë e bëj si gjithnjë fiks për pesë minuta me gomarin tim gjithë gjatësinë e arës sime dhe tëndes. Atëherë Selfua pa ia bërë syrri tërrt hiç, i tha që nuk shkohet me mendjen e gomarit, se ara e tij ishte bymyese, ndërsa ajo e tjetrit tkurrëse. Si të duash, tha, arën time bymyese e lusin. Madje nuk e shes hiç, se po ta mbaj edhe ca, i rritet vlera. Kjo e stepi blerësin, i cili zuri dhe shihte arën e tij çdo mëngjes dhe po i dukej vërtet krahasimisht gjithnjë e më vogël se e tjetrit. Gjë që, në fakt, e kishte vënë re për pulat. Dhe vendosi ta blinte arën e fqinjit me çmim të bymyer. Ky ishte transaksioni i parë vëllimor në tregun e pasurisë së paluajtshme. Që u pasua nga lindja e tregut "të pasurive të paluajtshme të luajtshme". Faslliu u bë sekser dhe u vetëquajt me një emër të çuditshëm, si çdo gjë tjetër e tij: *aktuar*. Sa më i padëgjuar emri i një zanati, aq më i nderuar është ai.

Njerëzit u mësuan me realitetin e ri, domethënë me kohën e re. Relievi u bë i lëvizshëm, si të ish i lëngët. Shkarjet e ledheve u shtuan (ishin shenjat më të sigurta të bymimit, kur ky duhej), dhe nuk ish çudi që mali të vinte një ditë pranë njerëzve. Këta të fundit u bënë më të plotfuqishëm se perënditë, ndërsa Dheu një poçe e njomë balte që formësohej tek rrethrrotullohej nën duart e tyre të etura.

LAMASH

Vendbanimi i hershëm P. i strukur në trillet e vijave rrushkulluese
që e mbronin mirë nga era dhe nën çatitë idilike që jo gjithnjë e
mbronin mirë nga shirat e mëdhenj, gjallonte vazhdimisht në një
mëdyshje të gjithëhershme prej midisi, ngaqë ishte shumë qytet
për t'u quajtur fshat dhe shumë fshat për t'u quajtur qytet. Thuhej
që i gëzonte të mirat e të dyjave: ana qytetëse i bënte kalimet mes
shtëpive rrugë e jo dhiare; ana fshatare sillte mbi bukën e mëngjesit
freski tërfilesh që shtriheshin mbi gjalpin e sapotundur.

Banorët njiheshin të gjithë me njëri-tjetrin. Barazpeshat ishin të
vjetra shumë: dihej kush ishte blegtor i mirë e kush samarxhi i
mbaruar, kush ia thoshte për këngë e bejte e kush ishte usta e dinte
të ndërtonte mur si frëng, kush fis e ngrinte sazen me pesë veta
brenda natës dhe e qante gërnetën dhe kush bënte opinga që s'i
ndieje hiç në këmbë. Zanate e tabiate që ishin në fis e në thua.

24

Siç diheshin shumë gjëra, rrënjosur jetë e mot, ashtu edhe nuk njiheshin ca prohira të tjera: nuk kishte avlli, për shembull. As hekura në dritare. Beharit, amvisat vinin mbi parvaze lule dhe dritareve ca perde me dantella e punëra grepi si ato. As dyert nuk mbylleshin. Se s'kish kush hynte pa dëshirën e të zot. Ndaj edhe një zanat që nuk njihej atje ishte ai i bërjes së çelësave. S'kishte çelësabërës. Bravat rrinin si zbukurime, dorëza nazike me spërdredhje. Kur dikush thosh "mbylle derën", e kish fjalën jo për ta kyçur atë. Thjesht "mbylle", se po na futet erë e ftohtë.

Ishte një ditë e tillë me erë, kur në klubin e vetëm në qendër Myrtua hapi fjalë se i kish humbur një dhi. Hë, se do e gjesh, i thanë. Zëre se e ke aty nesër. Harrove Rizain kur humbi viçin? Ia sollën të nesërmen te dera. Por Myrtua u tha se nuk e kish hallin aq te dhija. Edhe ca pula, tha, si edhe një saç nuk po i gjej më. Në fytyrën e Myrtos kishte një si hutim, kurse në ato të të tjerëve mosbesim. Mos i fryn gjërat kot, o Myrto?

Pas ca ditësh, edhe Iljazi tha në klub që i kish humbur një kàde. Dhe një rrogoz. Myrtoja përforcoi Iljazin duke thënë që ato të tijat nuk qenë gjendur ende. Mosbesimi në fytyrat e gjindjes zu po tretej. Mos vallë…? Mos vallë…? Nofullat nuk vendoseshin dot për të thënë fjalët "janë vjedhur", sepse vjedhja ishte fjalë në një gjuhë të papërdorur, lopatë e lënë prej kohësh në plevicë që s'di ku e ke kur e do dhe vjen rreth dhe e kërkon. Pas disa gotash që turbullojnë mendjen, por kthjellojnë gjuhën, erdhi çasti që të pyetej se kush, kush e kish bërë. Se vjedhja nuk vinte vetiu, siç vjen një stinë. Kush? Kush?

I ranë më të. Ishte një i ardhur. Nuk duhej të ishe ndonjë nishan për ta gjetur, ç'është e vërteta. Pasi u shoshitën gjithë ata që mund ta kishin bërë një e nga një, të gjithë ranë nga shosha, dhe ç'mbeti, sado i pagjasë mund të dukej, ishte keqbërësi i vërtetë. Dhe për atë të ardhurin, që "të kishte dorë", jo vetëm nuk ishte e pagjasë, por përkundrazi, po dukej gjithnjë e më tepër e sigurt, si një e një që bëjnë dy. U ndërmend se shtëpia e të ardhurit ishte midis asaj të Myrtos dhe Iljazit. U mor vesh që i ardhuri na ishte pacak, ishte lamash. Por askush nuk e kish vënë re në fillim, se zënë me punë të tjera… Ai tani e kish atë shtëpi e atë truall me tapi e me teskere, nuk kish gjë që e shkulte që aty.

I pari që e mbylli portën me kyç thuhej qe Rizai. Një mbrëmje u hap fjala që Asllani nuk po gjente një xhaketë teritali dhe Rizai, para se të binin poshtë, i tha së shoqes: "Ku është kyçi?" Kjo e kish parë sikur i shoqi i kish kërkuar kushedi se ç'hyner. Kyçi, po të them, i portës së madhe. E shoqja e kish gjetur, ia kish sjellë, dhe burri me një acarim të çuditshëm, e kish futur çelësin në vrimën e pamësuar të bravës duke e rrotulluar si përdhunshëm. Trrak. Trrak. Gjuhëza, gjithashtu e pamësuar, ishte futur në gropën e çuditur të bravës, që e kish edhe ajo për herë të parë. Dera u rëndua papritur. Dukej sikur ishte bërë grua atë natë. Sikur u bymye, u mbars me diçka. Ajo shtrrak-shtrrak e bravës do të zanonte e dridhej shumë gjatë në ajrin e zi të natës. Gërrhitja e Rizait nuk normalizonte dot asgjë. Dhe në mëngjes, kur çelësi hyri prapë në vrimë dhe dera u hap, u ndje që diçka kishte ndryshuar përgjithnjë. Zhvirgjërimi kishte ndodhur. Ajo e kishte kaluar natën me kyçin. Ishte bërë një shtëpi derëkyçur, çka merrte një farë hijeje të errët nga "shtëpia derëmbyllur". "T'u mbylltë dera!": sa larg mund të ishte ky mallkim nga "t'u kyçtë dera!"?

Rizai doli të nesërmen dhe dukej si "me fatkeqësi". Kurrizi pak i dalë, shpina pak e rrëzuar e hapat "xarra". Nuk kishte faj, ishte "derëkyçur".

Dy ngjarje që i befasuan të gjithë, ndodhën pa kaluar shumë nga kyçja. Myrtua shiti shtëpinë. Mblodhi ç'kish, me laçkë e plaçkë, me kuç e me maç, dhe në të gëdhirë iku xhadesë që të shpinte për në qytetin e madh. U shpërngul, thanë, por në fakt u shkul. Kurrë nuk u tha haptazi që arsyeja pse iku ishte se s'donte të ishte fqinj me lamashin. Të rrinte ngjitur me të, ta kishte mendjen e ngritur çdo kohë, ç'do bëjë sot, ç'do bëjë nesër. Sepse kjo punë e lamashit është e bezdisur shumë. Lamashi nuk të dokëndis me veprim, por me qenie. Nuk zgjidhen me trimëri a arsye punët me lamashin, haptazi, me mejdan, duel, mexhlis, burrëri. Se burrëria kërkon të paktën dy burra. Si dhe graria xhanëm, që i do të paktën dy gra.

Shtëpinë e Myrtos e zuri një i ardhur i ri. Edhe ai me tapi e teskere. Ishte një i njohur i lamashit. Domethënë nga lloji i tij. Gjindja u skandalizuan me Myrton, sepse u kuptua që ky kish bërë një lloj pakti me komshiun e padëshiruar. Që të realizonte shitjen e shtëpisë. Nuk kish pyetur njeri tjetër. Kishin folur ndoshta anës ndonjë gardhi: "a jemi, tek jemi, si po kalon, mirë, po ti, po ja ashtu, ç'ka, po pse ç'ka, dua të shes shtëpinë, të largohem që këtu, por s'para gjen kollaj blerës, mirë po bën, dhe të ndihmoj unë, vërtet? posi! e garantuar, kam një timin, që do të lëvizë në këtë nahijen këtu, sa e mban pazarin që t'i them, mirë, po mos e bëj zë, se po doli llafi prishet pazari..."

Shtëpitë me kyç u bënë tashmë të zakonshme dhe quhej budallallëk t'i mbaje hapur, si dikur. Kyçja sikur shtonte mosbesimin ndër njerëz, sado që thuhej për shembull, që sikur të ishin të gjithë komshinjtë si ty, o Skënder, nuk i kyçnim shtëpitë kurrë, ja si në ato kohërat e para, por tani tjetër kohë, gjiton, harro mushkë Valarenë… Skënderi, komshiu i mirë, merrte automatikisht një hije mosbesimi, sepse edhe ai ishte derëkyçur. Edhe ai, si ti, nuk e kyçte derën prej teje, aspak, por sidoqoftë, një bravë me shul të ngulur e bën derën mur ndarës me botën e padëshiruar përjashta.

Hekurat e para në dritare i vuri Resmiu. Kishte nisur tashmë një lloj gare e fshehtë në rritje të sigurisë. Që përndizej në përpjestim me numrin e lamashëve të ardhur, i cili kishte arritur ndërkaq në pesë. E çuditshmja ishte se si shtëpitë e të shkulurve i blinin gjithnjë lamashë të tjerë. Këta krijuan bllokun e tyre. Gjindja nuk para donte t'i njihte si, qysh e tek, kurse ata i njihnin vendasit me rrënjë e dhëmballë. I merrnin të dhënat gjithandej. Thuhej që mbanin dosje. T'i përdornin kur të vinte puna. Tani njerëzia nuk linin më gjësend në oborr pa mbikqyrje, dhe orenditë me njëfarë vlere i siguronin e ndrynin në lloj-lloj musandrash, dollapesh, sepetesh. Tani duheshin ruajtur e siguruar edhe në të tjera gjëra, jo veç mall e plëng. Sherri u fut keq, për shembull, midis Hajredinit dhe Safetit. Hajredini paskësh qenë dëshmitar i një dënimi që Safeti kish marrë në ushtri, bërë larg dhe dikur, por që askush s'e dinte. Një nga lamashët e kish përmendur si shkarazi, si qe ajo puna e dënimit në ushtri, o Safet, se çoku na ka zënë veshi diçka. Dhe natyrisht, pas një nate të mbarsur me hamendje, pandehma e fanepsje lloj-lloj, Safeti u gdhi tejet i sigurt që Hajredini kish folur, kish nxjerrë llaf, se ndryshe nga e dinte lamashi?

Duhej siguruar vetja megjithsej. Nuk ishte më fjala për një dhi a për një pallto. Po ashpërsohej bota atje përjashta.

Resmiu i porositi hekurat e dritares tek farkëtari Nesim dhe i vuri me muratorët e njohur të Hajdinajve. U hapën ca gropa në muret e pafajshme anës dritareve dhe mbushja e tyre me çimento ngjante si një plagë e re, plagë muresh, si goditje predhash. Dritaret u shëmtuan. Ato dantellat e perdeve nuk hijeshonin më pas kuadrateve të hekurt. Ishte përpjekur farkëtari Nesim t'i bënte të bukura, me spërdredhje, me ca rombe e lule hekuri, por asgjë nuk e thyente dot zymtinë që rrezonin ato shufra si prej burgu.

Nuk kaloi shumë dhe të gjithë u bënë dritarezënë.

Çmimi i shtëpive po binte. Edhe ky në përpjestim me shtimin e shtëpive lamashe, numri i të cilave u bë me dy shifra. Ata që shkuleshin tani, e bënin këtë pasi nuk ishin të sigurt nëse do të donin të jetonin përgjithnjë aty, ishin mendjengritur, dhe çdo vonesë do të thoshte më pak para për shtëpinë e shitur. Shumë, me paratë e shitjes, ndërtonin shtëpira të veçuara nëpër vende të largëta. Vetmia do të thosh siguri. Vetmia u bë luks. Një fqinjëri e mundshme me lamashët e bën shoqërinë e gjitonin bezdisëse, e ndaj edhe vetminë një aset.

Ndërkaq sherret e përplasjet mes të mbeturve po shtoheshin gjithashtu në P. Një vajzë e Asllanëve po mbetej pa fejuar pasi dikush nga Maçët (kush tjetër!) kish shpifur sikur kish patur diçka me të. Dhe sikur vajzës i mbante erë goja dhe sqetullat. Një nga lamashët që frekuentonte gjithnjë klubin, tregonte historira me dy apo tre kuptime, të pazbardhura kurrë, me qëllim që ata që i dëgjonin, t'i përpunonin sipas mideve dhe tëmtheve të tyre dhe të sekretonin urthet apo vreret përkatëse më pas.

Azisi qe i pari që ndërtoi avllinë më të lartë se një bojë njeriu. Askush nuk mund të shikonte më brenda oborrit. Mbi mur, në vend që të vinte ndonjë strehëz të vogël për zbukurim, që të mbante edhe shiun, Azisi nguli copëra të thyera xhamesh që gjithkush që do të përpiqej të kacavirrej a të hipte mbi avlli, t'i bënte gjak duart.

Duart e të gjithëve po kullonin gjak tani. Gjaku i duarve është pak si gjak shenjtori.

Jeta vazhdonte pas avllish gjakosëse, pas hekurash të zymtë, pas dyersh të kyçura, por jo si më parë. Njerëzit e ndjenin se mbyllja është jo vetëm siguri, por edhe zvogëlim i dhënie-marrjes me rrethinën, një shtrëngim i lëfytit nga ku rrjedh jo vetëm helmi, por edhe gjithfarë eliksiri.

Për çudi askush nuk pyeti pse lamashët kishin ato sjellje, atë lloj të jetuari dhe asi nasihatesh. Lamashët janë me fat. Merren gjithnjë të mirëqenë. Si e dhënë e parë. Në çdo baluke lamashi varet një onde fataliteti dhe një valëz kapitullimi i të tjerëve.

ZALLI I HANKOS

Kapedani dhe nusja e tij e re kishin ecur mbi kuaj për dy orë rresht, pa këmbyer pothuaj asnjë fjalë. Rruga për në shtëpinë e kapedanit mbante rreth tre orë e ca, e shumta pra kishte ikur. Nusja shpresoi se diku nga mesi i udhës do t'ish e udhës të ndalnin pak gjëkundi, por kur kaluan ndanë burimit të Çarçanit dhe nuk ndaluan, ajo i humbi shpresat se do të pushonin gjëkundi. Hijerëndë, kapedani nuk kish treguar as mëdyshjen më të vogël, por kish vazhduar kalërimin pa parë fare nga dy sylynjarët që vetëtinë si argjend i trishtuar prej shpërfilljes. Floriri i saj mbi gushë dhe ballë fërgëlloi gjithashtu, sikur dha pakëz shpirt.

E gjithë kjo marrje nuseje ishte e pazakontë. Kapedani kish bërë atë që nuk pritej, pra jo vetëm asnjë lloj dasme e daveti, siç ia kërkonte sëra, por edhe nusen vajti ta marrë fill i vetëm. Pa asnjë shpurë sijinxhinjsh, rrezëllima armësh me kalorës sypetritë. Ishin habitur, por nuk e kishin pyetur pse. Nuk e kishin pyetur, pasi nuk guxonin ta gërgisnin atë gjë, sikur një plagë që mund të kthehet në kancer po ta prekësh shumë. Me siguri kjo kish të bënte me nusen. Nusja ishte yll e bukur, por "me llafe". I kishin dalë llafe. Si një oxhak që vjell tym të zi, llafet pasi kishin dalë, ishin ulur kudo, një blozëz e lehtë, gati e padukshme, qesëndi mustaqesh, shpoti me helm midis kupave të vogla të rakisë, sy të shkelur plot dreqëzi. Kur kapedani kishte mbledhur njerëzit e besuar për t'i dërguar në shtëpi të saj, që t'i kërkonin dorën, këta e kishin parë një hop me ngërçin e atij që don të pyesë: a e di se ç'po bën? Por kish mjaftuar një shikim thike i kapedanit që ata të ulnin sytë, të mos diskutonin asgjë, të thoshin vetëm "peqe" e të largoheshin me ecjen e rënduar prej detyrës. Askush nuk kish folur pas asaj. Për të tilla punë të ikte koka. Kur lajmi mori dhenë, njerëzit qeshën nën buzë, romuzet si topuze vrasës, mirëpo për çudi, respekti për kapedanin në vend të ulej, sikur u shtua.

Nuse pa dasëm, ajo kishte dalë në hajatin e shtëpisë së saj, e shoqëruar nga e ëma dhe dy motrat, e veshur megjithatë me kostumin e nusërisë, i cili ishte çuar apostafat nga njerëzit e kapedanit një ditë më parë. Kapedani e kish ndihmuar të hipte në kalin çil, ndërsa vetë kish hipur pa përshëndetur njeri në kalin e tij të kuq që shfrynte herë-herë i paduruar. Nusja ishte vërtet yll e bukur. Ai e kish parë rastësisht një "Të enjteje pazari"; kish pyetur menjëherë sejmenin më të afërt, i cili i kish rrëfyer gjithçka. Kapedani e kish dëgjuar pa i lëvizur asnjë muskul. E njihte botën, kot nuk ishte kapedan. E dinte që ish e pamundur që ajo bukuri të vinte pa një çmim. Gjithçka në botë kishte një "por", që lëvrinte pa zë, si vath qershie në veshin njomzak. Ishte gërryer në çast diku në lukth, si kurrë më parë, nuk ishte e thartë urthi e as vrer tëmthi, ngjante më shumë me një kafshim të verbër plumbi. E dinte që ishte dita e vdekjes së tij, që do të thoshte një rilindje gjithashtu, bëri kinse do të mendohej kur e dinte fare mirë që e kish vendosur ndërkaq. Do ta merrte atë grua sikur njëra të bëhej.

Vrasjen e bandillëve të dikurshëm të gruas që donte, e kishte të kollajtë. Mund t'i qëronte nga kjo botë pa u marrë vesh fare. Dhe do ta bënte me një gëzim prej ndryshku që ha hekur, sikur të mos ndjente thellë nën shpretkë se diçka e tillë e dëmtonte më shumë se e nderonte, pasi pikërisht ajo mizori do ta tregonte më të dobët. Ai vërtet ishte kapedan, por dielli me shoshë nuk mbulohej dot. Ideja që t'i thërriste në duel ish-bandillët në fillim e dalldisi, por pasi iu ftoh ndërkryerja, e kuptoi që ajo do e dëmtonte edhe më tepër nga qërimi i tyre i fshehtë, me vrasës të paguar. Bandillët kishin më shumë fat se k…vat e tyre. Fjalën "kurvat" e kaloi rrufeshëm, një tru i korruptuar bën gjithçka. Bandillët do t'ishin pjesë e kësaj jete, fatkeqësisht, minj hambarësh që sillnin kolerë, qeshje nën buzë pijetoreve të ndyra, ku nën zë ata do të thoshin ndonjë fjalë të hidhët lidhur me gruan e tij, e natyrisht pastaj lidhur me të, dhe ndryshku i autoritetit të tij do të binte i kuq si gjak i vjetër mbi dyshemenë plot bishta cigaresh… Ndërkaq vegimi i kokës së saj me cullufet e zeza mbi paragjinjtë e bardhë thërrmonte sovran gjithë skenat me bandillë - mokër e pandalshme që ujërat e qenies së tij e lëviznin pa pushim. Në fund, iu duk sikur e kuptoi burimin e asaj sëkëlldie, më saktë vatrën nga vinte hidhtësia. Ai kishte ngadhnjyer në disa beteja, e kish marrë vdekjen në sy mëse një herë, kishte vënë ndere në vend pa një pa dy, por tashmë i kish dalë një mejdan i ri lufte, i pamenduar më parë, e pikërisht shtrati i gruas së tij, në të cilin ai do të zhvillonte atë luftën tjetërlloj, me hijet e të tjerëve, që e kishin bërë ndërkaq luftën e tyre në trup të gruas së vet, dhe kjo ish e pandershme, pasi ata kishin kalëruar më parë, kur ai nuk kish qenë aty. Po sikur ata të dilnin fitimtarë? Oh, ishte e sigurt që ata do të fitonin. Ata gjithnjë e bëjnë këtë, pa mënuar. Kjo e drobiste pa fund, madje i dukej se më shumë se për yshtjen prej bukurisë së femrës, ai po e merrte këtë grua pikërisht për atë betejë, ku do të donte të vritej plot dëshirë… në të vërtetë, prej dëshirës.

Nusja po ndjente dhimbje në vithe prej qëndrimit të zgjatur në kalë. Por nuk guxonte të thoshte asgjë. Po i afroheshin Përroit të Alltisë, gurgullima e të cilit u dëgjua e qartë. Ishte e ndara e fundit para pronave të kapedanit, shtëpia e tij e madhe ishte pas kodrës së parë që ngrihej para tyre e butë, si kurrizi i një gamiljeje të lodhur. Papritur kapedani ndaloi kalin e vet. Kali çil ndaloi fill pas tij. Zbrit, e urdhëroi kapedani me një zë të prerë, ku mllefi tradhtohej nga një mëdyshje që s'donte të venitej. Ajo zbriti e ndihmuar nga ai. Hiqi këpucët, vijoi kapedani me të njëjtin mllef të tradhtuar. Ajo e pa me habi, dhe për herë të parë ndeshi në shikimin e tij të drejtpërdrejtë. Ai ishte shikim prej vrasësi, drita nga ata sy të zinj vinte prej thellësisë pa fund të kafkës. Ajo hoqi lehtësisht këpucët dhe çorapet e mëndafshta. Ai i tha të lante këmbët në përrua. Ajo guxoi dhe e pa në sy në mënyrë pyetëse. Nuk kish ecur në këmbë, s'ish nevoja. Por në atë çast ai i tha: Ke bërë, ç'ke bërë, do i lash këtu e do i lësh këtu. Tek unë do vish e larë! Ajo u rrënqeth, nuk lëvizi, por dora e tij e zgjatur nuk pranonte kundërshtime. E kapi dhe ngadalë hodhi dy-tre hapat që e çuan tek ujët. Futi fillimisht këmbën e djathtë, me një ngurrim frike, a thua se ai përrua ishte prej sere të valuar. Ujët ishte i ftohtë, ndjesia e mirë, lagu majat e gishtave, vuri këmbën e lagur në tokë, ndjeu se si thërrmijat e lymit buzë përroit iu ngjitën nën tabanin e shputës. Bëri të njëjtin veprim me këmbën tjetër. Kapedani e ndihmoi të shkonte afër kalit të saj. Veshi çorapet, nën këmbë ndjente thërrmijat e dheut, një ndjesi lagështie që patjetër shkaktonte reumatizëm. Ai e ndihmoi të hipte mbi kalë dhe ata vazhduan rrugën drejt shtëpisë së kapedanit. Asaj i regëtiu në mendje se pikërisht për këtë i shoqi nuk kish dashur njeri me vete, asnjë sijinxhi a shoqërues: ishin ai, ajo, dhe përroi.

Asnjëherë nuk u mor vesh se si gjindja e dinte ndërkaq punën e përroit. As nusja, as kapedani nuk kishin folur. Ndoshta kuajt… Por ngjarja ia rriti atij edhe më shumë autoritetin. Njerëzit mundoheshin të kuptonin nga fytyra e tij se si po shkonte martesa. Por nga ajo fytyrë nuk kuptohej asgjë. Ata që e njihnin nga afër thoshin se ishte bërë edhe më i prerë se më parë.

Gushti erdhi i nxehtë dhe përroi u tha. Nuk ndodhte shpesh që ai të thahej, por atë vit, edhe pse jo shumë më nxehtë se gushtet e tjerë, përroi u tha. Shtrati i tij zbardhëllente si një lëkurë e stërmadhe e rrëzuar gjarpëri. Pritën më kot që përroi të vinte prapë. Edhe kur nisën shirat, në shtator. Një Zot e dinte pse ai kish ndërruar shtrat dhe erdhi me buçimë nja gjysëm ore larg, atje ku më pleqtë thoshin se kish qenë shtrati i tij i vjetër. Kjo e zemëroi gjindjen në fshat, pasi nuk kishin me ç'ujisnin arat e poshtme. Mallkuan, derisa njëri tha që "ajo" u bë sebep. Ku vë këmbën kurva thahet ujët, thanë gjithë ligësi. Kapedani i merrte vesh këto pësh-pëshe dhe donte të ndihej në faj. Dikur kish dëgjuar një të kënduar të thosh që askush nuk hyn dot dy herë në të njëjtin lumë.

Por edhe i njëjti lumë nuk lag dot dy herë të njëjtin njeri, tha me një zemërim prej kalloje. Nusen kish nisur ta donte me një këndellje zakoni.

Kapedani ishte i sigurt që flisnin për të, madje shumë më tepër se po të kish bërë ndonjë trimëri të madhe, a të kish marrë ndonjë grua "pa llafe". E urrente veten pse i vinte mirë nga kjo, por s'e ndalonte dot. I vinte mirë. Dhe aty donte ta dënonte veten, mu për atë lloj kënaqësie, që seç kish një hir prej çengije.

Ndërkaq, edhe pse e dinte që ai vetë përflitej vesh me vesh, u habit që ishte e shoqja ajo që bëri vërtet emër, kur dëgjoi që përroit të tharë kishin nisur t'i thoshin "Zalli i Hankos".

DUKE SJELLË NJË NUSE

§. 44. Përcaktimi i "Fes së preme."

"Me pre Fen" do' me thanë me da diten e vaden e kputme se kur me nisë krushqt per me marrë nusen.

Si t'i "pritet feja" vajzës, tuj kenë ditë më shej, krushqt do të nisen at ditë as kanuja s'e shtyn, as ban qi të shtyhet.

Krushqt do të shkojn me marrë nusen at ditë, edhe me dijt se a'tuj dekë nusja, zhagas e rrshanas do t'a çojnë në shpi të dhandrrit.

Krushqve s'u ndalet udha, edhe me pasë të dekmin në shpi, prindja e dhandrrit e prindja e vajzës.

I dekni në shpi, krushqt do të nisen; nusja hinë në shpi, I dekni del shpijet. Andej të vajtohet, këndej të këndohet. (Kjo thtohet per me diftue se as deka ket ditë s'mund t'i ndal krushqt, se me këndue nuk këndohet.)

NGA Kanuni i Lekë Dukagjinit

* * *

Sijinxhinjtë po ktheheshin me nusen mbi pelën e kuqe. Sapo e kishin lënë fshatin e saj me ajrin e fitores, me zjarminë e rrëmbimit. Mbi mëndafshin e kuq të nuses së re era përndizte vazhdimisht një prush si fërgëllimë. Ngjyra e kuqe tremb xhindet. Se xhindet dhe nusja janë bashkudhëtarë. Pa nusen xhindet rrinë diku larg, ndërsa në prani të saj çdo gur e shkëmb ndanë udhës shndërrohet në një mundësi shejtani. Gjithçka bëhet më e rrezikshme nga ajo femër e drojtur mes truprojës së burrave nga fisi i dhëndrit.

Krushku i parë i ngjante një gjenerali. Një gjeneral me tuje daje. Edhe dy krushk-kolonelët anash dalloheshin qartë. Me nishan' e xhufka xhaxhallarësh. Shpura solemne nxirrte shkëndija nën patkonj.

Kishin rrugë të gjatë për të bërë dhe bishtat e kuajve shpërndanin nervozizëm. Ktheheshin nga "Stambolli", që e kishin pushtuar; ngarkuar me plaçkë paje dhe me një "stambollije" në mes, e vetmja gjë e huaj mëndafshi në atë masë të shajaktë me ashpërsi leshi, djerse dhe patkonjsh.

Beteja e parë, ajo në shtëpinë e nuses, quhej si e fituar. Në atë mejdan zgjuarsie, tehet e mprehta të fjalëve kishin vetëtirë rrezikshëm. Strategji bejtesh, krahmarrje romuzesh, dredhi mendimesh të shpejta, kundërsulme rimash. *Çupa jonë sa e mirë/ djali juaj kec i shtirë.* Sulmi nga pala tjetër kish filluar ballor. Dhe blegtoral. Kundërpërgjigjja e shpejtë, pa mëdyshje, me gjylet e rimave që stërpiknin mollëzat rakimbajtëse dhe mustaqet mishrabluajtëse: *U erdh fati e s'e dini/ djalën tonë hak s'e kini.* Si çdo luftë, edhe dëshmori nuk kish munguar: Pertef lumëmadhi, të cilin e dehën me raki, iu vunë me dollira, me detyrim pije me fund, të kam gjetur, për këtë e për atë, me fund, me fund, kjo është e dajos së tretë, e baxhanakut të katërt, është burrë i nderuar, skalione pa fund gotash të vogla si ushtarë të panjohur, derisa rakia ishte bërë njësh me gjakun dhe krushku me karshillëk mburrapirës ishte vënë përfund, gati pa ndjenja, me baluken e dëshmorit rënë mbi postiqe.

Rruga për në fshat të dhëndrit ishte e gjatë. Kjo nuse ishte marrë larg. Krushqitë e largëta ishin të mbarsura me rreziqe, pos me bukuri. Qysh në kohë të përrallave të vjetra. Diç të shtyn të marrësh nuse larg, në anë të dynjasë. Vlerat e nuses janë të nënkuptuara. Dëshira e dhëndrit gjithashtu. Por edhe rreziku shtohet me çdo kilometër. Bukuria nuk duhet vetëm të vuajë, siç thënkëshin gjermanët, por edhe të jetë e rrezikuar. Ndryshe ç'u kuptua që është bukuri.

Dhe kështu, vende e rripa që në të ardhur kishin qenë vetëm rastësi terreni, tani, në të kthyer, me nusen në mes tyre, me trëndafilin fletë-fletë përmbyllur nga çitjanet si burbuqja nga nënpetlat, bëheshin befas me rrezik, mbarseshin me dyshim. Gëmushat diçka fshihnin, shkëmbinjtë ishin kreshpërime pritash, fjala dyfek rrinte varur në çdo degë shqope dhe mareje. Askush s'do të mund ta shpjegonte saktë pse-në. Por çdokush e dinte shkakun. Ishte ajo, me mëndafsh të kuq e jelek flori, prush përfund e shkëndija përlart, magnet për gjithë plumbat e maliherët e sherret e gjithë kohërave që në krye të herës.

Një kalorës mbiu befas nga asgjëja dhe ndali pranë dajës. Diçka folën, dukej që ishte e rëndësishme. Pastaj kalorësi u zhduk si erdhi, e përpiu mosgjëja. Fytyra e dajës dëftente alarm të fshehur.

Kalorësi e kish njoftuar që diku përpara u kishin zënë pritë. Pothuajse dihej. Një hasmëri e vjetër me fshatin Havaleas. Pati një këshillim të shkurtër. Pastaj daja mori vendim. Do i biem nga Qenasi!

Ata që kishin zënë pritë në të hyrë të Havaleasit nuk u mor vesh se cilët qenë. Daja ishte i heshtur si pus.

Sytë e gjithë shpurës panë Gjolikun me qortim, atë me hasmër nga Havaleasi. Gjoliku s'dinte ç'të thosh. U tërhoq në fund të shpurës, aty ku kalëronte Pertefi, ende i helmuar nga rakia e djeshme. Ajo hasmëri kishte hije të keqe, pasi qe për shkak të një femre që Gjoliku kish ngacmuar te burimi i Havaleasit. Vajza kish shtënë çik e para, sipas tij, me ca isharete që s'thuhen, por kuptohen. Pastaj, atje te burimi ku ai i kish folur, kish kaluar një i afërt i vajzës, e cila nga ana e vet kish bërë të paditurën. Sikur Gjoliku po i binte më qafë. Krisi sherri sakaq, të cilin e fitoi Gjoliku që e vuri poshtë tjetrin. Por që nga ajo kohë ai i ruhej Havaleasit. Ai ishte "me hasëm", dhe kjo ishte njëlloj si të kish një sëmundje. Duhej të ruhej. Në çdo gjë që bënte Gjoliku, do futej se s'bën Havaleasi. Do shkonte për një davet a gosti? Do shihte një herë a kish aty ndonjë nga "ata". Do vente në pazar të shtunën? Po ashtu. Do shkonte të enjteve në dasma, sidozot edhe tani, do mblidhej në shesh të fshatit të xhumanë e muslimanëve a të dielën e kaurëve? Prapë do shikonte për havalenë një herë, që mos u gjendshin në dynja as femër, as burim!

Në fakt, e vërteta qe ndryshe. Pusinë e kish zënë një djalë nga fshati i nuses, me tarafin e vet, të gjithë djemuri sapodirsur mustaqja. I pat rënë në kokë atij për nusen-vajzë, ja atë - ja rash' e vdiqa. Nuk e dinte njeri si e qysh e sa qenë pleksur, por llafi ishte që edhe ajo donte. Jo se kishte patur gjë të madhe mes të dyve, jo, shumë-shumë dy llafe ndërruar, ashtu nxitimthi, tek burimet e bekuara, ku çdokush mund të ndalonte pa rënë shumë në sy. Curril'i burimit ishte dëshmitari i vetëm i atyre dy llafeve, dhe ai curril ishte gjëja më e pagojë në botë. Rridhte njësoj sikur s'shihte asgjë. Sikur s'dëgjonte fjalët e thjeshta fare, të zhveshura nga gjithë tepritë, si drurët në dhjetor. Fjalë që flisnin gjithë të pafolurat qysh nga ai shikimi i parë ngulur si grep në sytë e shoshoqit, në kushedi ç'rast që i pat sjellë përballë, si dhe gjithë heshtjen dhe pamundësinë që do vijonte më pas, deri ndoshta herën tjetër te burimi, me currilin asgjëditës dhe shtambat grykëzëna. Dashuri me dy llafe këmbyer, fermentuar në vetminë dhe largësinë baritore, me parvaz, gjergjef, dhe avull dritareje që fshihet për të parë përjashta. A s'janë njerëzit si bute me bërsi? Nga dikush del uthull, nga dikush verë e dobët e nga dikush raki sevdaje që djeg marazit. Që pihet ndezur me flakë blu! Dy llafe që duhej të përmbanin edhe pohim dashurie, edhe premtim, marrëveshje shtetërore e gjendje civile, noter, gazmime e zhgënjime e njohje të tjetrit më mirë se të vetes tënde, gërshet që varet nga dritarja e katit të dytë, gjithfarë rigonesh e majdanozësh në lëndinën poshtë, që shkeleshin nga hapa dashnori e që binin kështu theror për dashuri.

Kur u mor vesh për fejesën e saj në një fshat aq të largët, djaloshit i ra mali i fshatit në kokë. U ndie pa shkak i tradhtuar. Nga të gjithë. Edhe nga ajo. Nga ajo më pak, por prapë, gjithsesi... Natë për natë ngjitej në mal dhe shkëpuste gurë të mëdhenj e i rrokulliste përposhtë gjithë tërsllëmë. Për protestë. Malin që i ra mbi kokë, donte me sa dukej t'ua hidhte në kokë të gjithëve. Zhurma e gurëve që binin dëgjohej e frikshme nëpër natë dhe njerëzit tundnin kokën me shqetësim: Allah-Allah! Ca thoshin që ai endej malit si egërsirë, por kjo s'ishte e vërtetë. Ditën e shihje normal rrugëve të fshatit, jepte xhuvap, dridhte cigare, sikur s'kish ndodhur asgjë. Gurët i hidhte vërtet larg, por kush siguronte që një ditë atij të krisurit nuk do t'i mbushej mendja e t'i vërviste drejt e mbi fshat, krisëm! Ose drejt e mbi udhë, sa për atë punë. Vajza dëgjonte natën oshëtimën e gurëve-shkëmbinj që copëtonin terrin në njëqind copëra të mprehta që nguleshin gjithandej. Ai djali i kishte pëlqyer qysh në fillim, por tani me këta gurët, ishte bërë heroi i netëve vajzërishte, që po mbaronin aq shpejt, se ditë e dasmës po afronte. Hynte e dilte nëpër shtëpi dhe kuisja e dyerve i ngjante gjithnjë e më shpesh me një angullimë. Gjithnjë e më të zgjatur. Shtrydhje ndryshqesh të vjetër që donin të nxirrnin lot balte, por s'mundnin. Oshëtimë e gurëve vazhdonte. S'kish kush e ndalte djalin, mali ishte pronë e fshatit. Pastaj, ai një natë i hidhte gurët këtu e një natë atje. Mali ishte i madh. Nuk mbaronte, ashtu si pezmi i tij. *Kjo sevda e djalërisë, kjo sevda/ tund themelet e shtëpisë, kjo sevda.* Malin po e tundte, ç'ish e vërteta.

* * *

Qenasi u shqua që larg si një fasho e murrme mbi brinjë të plagosur mali. Deri atë çast, daja prijës kishte ecur si mbi gjemba, ngaqë i bëhej se nga mali do t'u rrëzohej ndonjë ortek gurësh mbi krye. Kasollet e para u shfaqën pas pak. Të heshtura, të ulëta, të kërrusura nën peshën e rasave të gurit mbi çati. Në fshat të panjohur heshtja është pabesi. Ca hapa që s'u dalluan qartë në ishin prej kafshe a njeriu, ishin e vetmja grisje e qetësisë, që e shtoi edhe më shumë shkretinë. Rrethina e jashtme e Qenasit me kasollet mbyllur qe shenjë jo e mirë. Megjithatë kuajt vazhduan rrugën. Ata e ndiejnë rrezikun të parët. Lagjja e kreut u shfaq papritur prapa një kthese të fortë. Një qen zu të lehë befas me kërcënim. Lehja ndërpritej nga një hungërimë më e frikshme se vetë lehja. Hungërima gurgull mbushte rezervuarët e lehjes, të cilët me pas shpërthenin si përrenj fundvjeshte. Kuajt e sijinxhinjve u trembën. Qeni arriti gardhin më të afërt dhe përmes çarjeve vetëtinë qartë dhëmbët e bardhë. Dukej vërtet një qen i egërsuar. I lënë, sipas çdo gjase, me javë pa ngrënë në një gropë me grykë të mbyllur. Një qen që urrente gjithë botën. Me sytë ngjyrë vreri, një e verdhë e vrarë nga e murrmja, si përzjerje helmi. Shpura ecte syçelët, duke parë përpara: mos e shih qenin në sy që të mos të të sulmojë. Por mospërfillja nuk bënte fajde, qeni sikur tërbohej edhe më nga kjo. Nuk ishte era e frikës, të cilën ai, siç thoshin, e nuhaste. Ai po nuhaste erën e shpërfilljes dhe kjo e tërbonte edhe më keq. Të mos e shihje me sy dhe të mos i përgjigjeshe lehjes, dukej e merrte për frikë dhe droje. Apo mos vallë mospërfillja dhe frika kanë erë të ngjashme?

Qenin më shumë e ngacmonte pela e kuqe e nuses, me të cilën ecte hap më hap pas gardhit. Dhe në çdo të çarë gardhi nxirrte dhëmbët hungëritës. Vrimat e gardhit dhe goja e qenit s'mbyllen kurrë, mendoi Gjoliku. Ai gardh ishte shumëgojëshësh, tamam një gardh shqyes.

Një drithërimë përshkoi vertebrat e shpurës nusesjellëse: gardhi po epej nën forcën goditëse të lehjes. Dhe të vrisje një qen ishte po aq e rëndë sa të vrisje një njeri. Gjysmat e hasmërive ishin për vrasje qensh, dhe ata sapo iu shmangën njërës e s'kishin nevojë për një të dytë.

Egërsi e qenit është e pashkak. Ndaj është e vështirë të merresh me një qen. Ai i lihte dukshëm të bardhës së pelës nusembajtëse, të kuqes së çitjaneve dhe floririt rrezëllitës të bustit nusëror. Pse thonë që qentë nuk arrijnë t'i shohin ngjyrat?

Dikur ai gardh mbaroi dhe shpura sikur u lehtësua. Patkonjtë trokëllinë ndryshe, zhurma e tyre përplasej në muret e disa shtëpive me gur që ishin ndanë udhës. Nja dy fëmijë, dy koka të qethura zero, dy koka e sy të rrumbullt, u shfaqën pas një qoshi dhe u zhdukën sakaq. Fëmijët e Qenasit. Në supet e nuses drita sikur u dendësua e rrodhi poshtë si ujëvarë. Vithet e pelës nusembajtëse u bymyen befas dhe një mëz imagjinar nisi të vraponte rreth, edhe ai i bardhë, pothuaj po aq fantazmagorik dhe i tyltë sa njëbrirëshi. Kali i Gjolikut hingëlliu. Pertefi pati përmendjen e parë në formë lemze. Jeta sikur u kujtua, e bardhë si një petal' e njomë që era e hedh mbi baltë. Sheshi i fshatit ish i shkretë; vetëm dy pleq ulur aty me siguri çprej dhjetra vjetësh, mbi dy stola druri, prangosur me tespihe, balsamosur me heshtje pleqërishte. Nuk lëvizën kur shpura u kaloi pranë, por u kuptua që panë me vëmendje. Ku i ka njerëzit ky fshat?, i vetëtiu në mend Gjolikut kur qendra me dy pleq mbeti pas.

Dy kokat e fëmijëve u dukën prapë, të prapa, prapa murit. Thanë nja dy fjalë të ndyra dhe u zhdukën. E qeshura e tyre, edhe pse nuk u dëgjua, ishte shumë e qartë. Kjo u përsërit dhe qejfi sharës i fëmijëve kokëqethur shtohej pas çdo here. Lumturi fëminore, por e ligë. Fjalët "qifsha" dhe "mut" mbeteshin varur si pastërma të thara prej kohësh në trarë pullazesh edhe pasi fëmijët zhdukeshin. Stërkalat e sharjeve sidoqoftë rridhnin mbi pendët e nuses si mbi një mjellmë.

Ky fshat s'mbaron kurrë, apo më duket mua kështu, tha Gjoliku me vete. Periferia dalëse filloi me një gardh tjetër ndanë udhës. Qeni s'vonoi. Kishte lehje tjetër, më të shkurtër, më të prerë, një dialekt qensh që ngjante më i trashë. Por Gjoliku qe gati të vinte bast se ishte i njëjti, si tek gardhi i parë. Veç me lehjen e përshtatur në gardh të ri. Vezullimi i dhëmbëve ishte aq i ngjashëm! Një gojë mund të ndërrojë dialekt, ama dhëmbët mbeten po ata. A kanë zot këta qen? A ka njerëz ky vend?

Nuk kaloi shumë dhe një tjetër lehës, diku larg, u përgjegj me një lehje të zgjatur, variant i egërsuar i kuisjes. Edhe pse afër qenit të dytë nuk po kalonte asnjë shpurë me krushq e protokrushk, ai ishte gjithaq i egër, i fyer, i lënduar në shprehjen e zemërimit të vet, në solidaritetin e vet të marrë, besnikërinë e zhveshur nga arsyeja. Zëri i dytë i zemëratës, sa i njënjëshëm, aq dhe i paemër. Dyzërshit shpejt iu bashkua një i tretë nga tjetër drejtim, pastaj një i katërt, i pestë... - berihaj me një inat të përbashkët ndaj qiellit, thua një lloj alergjie ndaj reve. Në të dalë të Qenasit sijinxhinjve iu duk se po dilnin nga barku i një lehnaje.

* * *

Pas disa orësh, rruga më në fund bigëzohej dhe njëri krah i saj të çonte drejt krahinës së tyre. Tjetri futej thellë në nahijen Harbutas, disa fshatra të së cilës shquheshin që nga aty, edhe pse dobët, ngaqë përziheshin me ngjyrën e ngjashme të shkëmbinjve. Gjoliku si pak më i bredhur, i përcaktonte duke ia dëftyer me gisht Pertefit, që nuk shikonte gjë gjithsesi: ai në të majtë është Qelbësi, pastaj Çakallasi, Qelepirdhësi, Dushku, Lalzi, Shushunjasi...

Shpura mori rrugën për në krahinën e tyre, të cilën e ndante nga Harbutasi përroi i Tersit. Më e madhja kish kaluar ndërkaq, në pritë s'kishin rënë, nusja po vinte sagllam, si princeshë, e dhëndri si princ. Mbi supet e dajës prijës po bëheshin gati të mbinin dy tuje

45

të reja. Po mugullonin qysh tani mbi klavikula, nën rripin e maliherit grek. Sa të kalonin dhe urën e Fodullasit mbi përroin e Tersit, dhe zëre se ishin në shtëpi, ku i prisnin me dyfekët mbushur, gati t'i zbraznin në ajër për hajër, hare e myzhde!

Ura ishte e ngushtë, por e fortë. Askush s'e dinte kur ish ndërtuar, dukej sikur ishte pjesë e vendit, bashkonte brigjet e Tersit qysh në krye të herës.

Nga bregu matanë u shqua një shpurë tjetër. Si të ishte reflektim i sijinxhinjve. Edhe ata një masë shajaku e murrme mbi kuaj të kuqërremë me bishta të zinj nervozë, tyta maliherësh si degë shqopash thyer mbi shpatulla, dhe në mes një pelë e bardhë, si re e piksur, që mbartte një mëndafsh fërgëllues ngjyrë prushi e ca shkëndija ari mbi të, mu aty ku duhej të ishte gjoksi, *jeleku i ngushtë ndënë sqetull/ që iu thafshin kush e ka qepur*, e mu aty ku duhej të ishte *ballët me sedefe...* Sijinxhinj të tjerë që vinin nga krahina e tyre e ndoshta shkonin në Havaleas. Stinë dasmash, gjithësi paralele krushqish e nusesh që vejevinin si kometa.

Barazlargësia nga ura e dy shpurave që po i aviteshin njëra-tjetrës sa vinte e bëhej më e qartë. Dy gjeneralë, të dy dajallarë, të dy me tuje, katër krushk-kolonelet, të katër me xhufka xhajash, dy Pertefë të dehur - dëshmorë të rakisë burrërishte... : ky ishte një shëmbëllim i frikshëm si mbi një rrafsh pasqyre, pingultazi Tersit. Aty mbi urë, dy grupet binjake do të bëheshin një, bota do theqafej në pikë njëjëse, dy nuse që sipas zakonit duhej t'i jepnin ëmbëlsira njëra-tjetrës për mbarësi, do të bëheshin një, dy dajallarët do të përplaseshin në një dajë, dy krushk-krenaritë do të bëheshin një, e nga kjo përplasje tjetra do të binte theror. Theror për çfarë, askush nuk ish në gjendje ta thosh, por rëndësi kish fakti i rënies theror. Dëshmorë që dëshmonin përkushtim e përkatësi! Të dëshmuarit është njëlloj me të rrëfyerit, e në këto anë gjysmë të thata me ullinj e toka gëlqerore që bëjnë rrush të paktë, por të ëmbël mjaltë, të rrëfyerit është zanat edhe më i vjetër se ai më i vjetri fare, dhe rrëfimtarët janë me se s'bën të verbër.

Dëshira për vetëflijim rritej me afrimin e urës, që po bëhej tani si përmesore e shejtanit. Asnjë nga shpurat nuk i hapte udhë tjetrës, asnjëra nuk ngadalësonte hapin që tjetra të kalonte e para mbi urë, të dyja dërgatat po sillnin nuse, femër, riprodhim, me të mira e trashëgime, gjysma kromozomesh që përjetësonin fise, bëma, të skalitura nëpër baza purike e pirimidike të femrës nga fisi i huaj, dru nga lisi ku gdhendeshin krenari numizmatike të vjetra sa bota! Ç'mund të ishte më sublime se kjo? Çdo gjë tjetër zhbëhej në asgjë përpara kësaj.

Ballet e shpurave trokuan njëkohësisht në dy skajet e urës. Secila po avitej sikur para kish veç boshllëk e asgjë tjetër. Dy nuset kishin ngrirë si moskuptime të kuqe mes shajakëve të shurdhët. Ajo që pasoi ishte një përplasje arkeopteriksësh, zogjsh të ferrit, pa kuptim, pa urrejtje të njëmendtë, domethënë me urrejtje atavike, me rastësi të domosdoshme: ura u bymye si barku i boas që të nxinte gjithë çenikllëkun e kokëfortësinë dhe disa nga kalorësit e dy shpurave ranë, me gjithë kuaj, në përrua. Tersi ishte i tharë në atë stinë të vitit dhe gjaku i kuajve dhe i kalorësve mbeti përmbi gurë për një kohë të gjatë. Derisa sa erdh' stinë e shirave.

Gjoliku ra mbi buzë, bashkë me Pertefin, i cili nuk ndjeu asgjë, megjithëse mbi ballë çurgu i gjakut vazhdonte të rridhte kërcënueshëm. E njëjta gjë me sosinë e dehur të shpurës tjetër. Sosia e Gjolikut nxori krahun vendit, si edhe Gjoliku, por u mundua ta fshihte dhimbjen pas fytyrës së bërë jeshile nga therja, teksa fuste shpatullën e dalë në vend.

47

Të vrarë nuk pati nga asnjëra prej shpurave. Vdekja i trembet dasmës. Kuajt u çapitën nga përroi dhe dolën në brigjet matanë urës. Nuset e përshkuan atë korridor ferri të pacënuara. Gati-gati mund të besohej se ato qenë bërë prej një mase avulli, e aftë të depërtonte përmes muresh shajaku dhe kuajsh.

ÇALLTIS

Bidoja po kthehej. Më tepër se figurë që mezi shquhej nga dritarja, ai vinte si hije që ndihej qysh larg: nuk sillte lajm të mirë. Çudi si njihet njeriu kur vjen pa myzhde, sikur e ka të shkruar në ballë. Ai e pa tek kalonte shtegun e ngushtë nga ara e Dajlanit dhe s'kish më nevojë për qysh e tek: u mor vesh, Bidoja po sillte një "jo" përsëri. Lajmës humbjesh i përjetshëm. U bë e pesta kërkesë e tij për nuse që nuk pranohej. Bidoja kish vajtur në Habibaj si ndërmjetës për Hanushen, një vajzë e gjatë, e thatë, por që me gjasë do mbushej më vonë. Dhe po kthehej duarbosh. Përsëri. Me hije ushtari pas disfate.

Në thyerjen e gjunjëve të Bidos therte pamundësia më shumë se përdhesi. Gjithë ecja e tij sillte një mundim shpjegimi, si i dërguar i posaçëm, ambasador i brendshëm i familjes e mbles fuqiplotë që ish, për të gjetur nuse për Refatin. Gjetja e nuses nisi si një turravrap

49

i patëkeq e i gëzueshëm; romuze familjarësh me shkëlqim sysh si djegie e brendshme kongjilli, një çapkënllëk që nderej në ajër si nënqeshje maceje, ah qerrata, e dimë që do ti, e dimë... Ajo që donte Refati kish dhjetra sinonime, si çdo mendim i stërmenduar.

Sefte ndërmarrja kish nisur me Merushen e Seferajve. Ajo ishte nga një fshat përballë dhe mbahej si më e bukura. Ajo është "perrind", kish thënë Bidoja duke lënë të kuptohej vështirësinë e tij si ndërmjetës për një vajzë xheneti. Seferajt kishin thënë falemnderit, por çupa është e vogël. E vogël!, desh kish thirrur ai. Nuk gjetën një tjetër arsye, nuk u lodhën pak për t'u bërë më të besueshëm, por këputja gjepurën e parë që vjen në kokë? Ku e vogël, nuk e shihni? Apo u kanë plasur! Sidoqoftë, megjithëse u fye, ai nuk u mërzit: kushedi sa mblesër u trokisnin Seferajve në derë. Nuk le Larua, të... Pastaj kërkuan Valdeten. Me gërsheta kjo, nga fshati i tyre, me quka dhe vrima në faqe. Syshkruar. Skuqej kur fliste dhe, kur e shihje gjatë dhe me ngulm, sytë e kaltër dhe të hinjtë bashkë i ulte si me një llaf të pathënë. Të bënte ta dëshiroje, ç'është e vërteta. Ashtu si e turpshme, por me një brerore çiku e ishareti gjithnjë. Me një gërshet që vazhdonte si psherëtimë dhe zvarritej pas saj si litar që të ftonte ta kapje me kthetrat e tua, ta zije robinjë. S'kemi çupë për të martuar ne, kishte qenë përgjigjja për Bido lajmësin. Vate dhe Valdetja, të cilën e ëndërroi nja një javë rresht para tratativave të Bidos. Aty i lindi dyshimi i pare se mos nuk ishte i pëlqyeshëm. Shikonte veten në pasqyrë, fragmente favoritesh, harkun e vetullës, shtegun e ballit, shikohej drejt në sy duke u përpjekur të dilte nga vetja dhe të vihej në vend të dikujt tjetër. Fytyra që shihte përballë i pëlqente. Mbi të gjitha i dukej shumë e zgjuar. Edhe e lezetshme. Ç'dreqin kanë?, mendoi. Bidoja erdhi prapë dhe i shtiu në vesh Dafinën e Beqirajve. Kurrë s'e kish pëlqyer veçanërisht atë vajzë. Por tani zbuloi që edhe nuk e kish urryer, gjithashtu. Hunda e saj kishte një kurriz, të cilin ai do të dëshironte të ish më i vogël, dhe këmbët nën fustanin mbi pantallona mbase do t'i donte ca më të mbushura, por nuk ka njeri të përsosur në këtë botë. As ai vetë nuk ishte i përsosur. Dafina mbase kishte veti të tjera të mira që askush s'ia dinte. Këto që s'duken dhe aq nga larg, qëllon jo rrallë që janë furrë të nxehta. Si bukëvale. Kështu i kishte thënë Fadili, që mbahej si mjeshtër në këto punë. S'i dihej pra. Syri të gënjen. Ndonjëherë duket si mollë nga jashtë, po del goricë e pabërë. Sidoqoftë, atij po i haheshin shumë edhe goricat, si punë e atij ariut të dëshiruar, por gorica s'po shihte gjëkundi. Si e bërë ters kjo punë. Jo-në majë gjuhës mileti. Pas Valdetes, kishte provuar Tanën nga mëhall' e përtejme. Tana ishte pak e shtyrë në moshë, dhe si fis nuk qe kushedi se çë. Tana ku ta gjente! Por edhe nga Tana nuk pranuan. Përgjigjja: "E kemi dhënë fjalën gjetkë dhe s'e marrim dot më mbrapsht", ç'ka mund të ishte e vërtetë, por kjo as që ngrinte më peshë tani. Lidhur komb kjo punë, si nyje litari tërhequr e shtrënguar nga njëqind kuaj të egër. Kishte dëgjuar për femra fatpadala, por për burra? Burrit nuk i del fati, ai lind me fat qyshse është burrë.

Bidoja hyri në shtëpi pa folur. Rakinë e ktheu si me pendim. Nuk kishte folur sepse nuk kish shumë ç'të thosh. Pala tjetër kishte thënë një "jo" të pashoqëruar me asnjë shpjegim. Mospranimi më i keq.

- Pse kështu, o Bido?

Bidoja s'foli. Buza e djegur nga rakia i ishte zgjatur majtas, ngrirë si nga një ngërç nervor. Llafet pa fund të s'ëmës hyr-e-dil nëpër dhomat e shtëpisë me sikletin në rritje, e rëndonin më shumë gjendjen. E ëma kurrë nuk e dinte kur fjala rëndon e kur jo. Ne donim t'i sajdisnim Habibajt, vinin fjalët e saj duke u përplasur nga dhoma në dhomë, si me shqyerje dyersh, se ilaka me ta s'bëjmë ne. S'bëjmë miq nga ato dyer! Po di harbuti? Bythëthata! Kjo e fundit ishte për Hanushen. E cila po të ishte pranuar fejesa, do ishte me shumë gjasë "lastar' i nënës".

Të nesërmen shkoi për dru. Të priste diçka, shumëçka, gjithë një pyll mundësisht. Dhe vetëm, pa njeri pranë. Por s'qe e thënë; pa dalë mirë nga fshati, mbi udhë u dha Safeti. Nuk e shmangu dot.

Safeti e bëri të shkonin në pyllin afër, edhe pse kish rrezik t'i shihte dhe kapte roja i pyjores. Mos u mendo kaq gjatë, a i vrarë, i tha. Të gjithë këtu presin. Atje ku prerja lejohet do tre sahat të vesh. Mo' u bëj frikës, Refat!

Ai donte t'i thoshte se s'ishte punë frike, ishte punë rregulli, por nuk mundi, pasi tjetri tingëllonte edhe me aq mjaft shpotitës.

- Ti asnjëherë s'i thyen rregullat? – vazhdoi. - Po rregullat ndaj janë atje, për t'u thyer, *ajq'*. Vetëm drejt ti e di se kush ecën.

Sopatat vrisnin drurët në një iso hidh-e-pritëse goditjesh. Ashklat kërcenin anash si spërka gjaku.

- Shiko se do mbetesh pa martuar po qe kaq drejt e drejt, ore, – sopata e Safetit goditi veçanërisht fort. - Nuk të jep njeri nuse ashtu.

Fjalët e fundit u thanë si me të qeshur, por Refatit i ranë në kokë si një ah i madh në rrëzim që tjetri sapo e preu. Mos e dinte vallë ai që...? Apo thjesht rastisi që e tha atë punën e martesës? E përgjoi gjithë kohën se mos i kapte ndonjë nënqeshje të pavullnetshme tallëse dhe ditëse. Por nuk dalloi gjë. Me sa dukej Safeti s'dinte gjë vërtet.

Drutë i prenë dhe i ngarkuan shpejt. U kthyen në fshat me ditë.

- Po t'i prisnim drutë atje ku doje ti, me natë do të ktheheshim, - tha Safeti në të ndarë. Kishte pak rrëshirë qortimi në fjalët e tij. Që i ngjiste Refatit kudo. S'të jep njeri nuse po shkove drejt e drejt, ore..., po s'qe i çalltisur.

Gjithçka mori qartësinë e beftë e të menjëhershme, si pas çdo zbulimi vendimtar. I çalltisur!

Ditët që vijuan morën hije tjetër, pasiguria mori trajtë hajduti. I duhej një "çalltisje", një vepër e paligjshme, si çetele e vërtetim aftësie. Diplomë, doktoratë, spaletë. Një gjë që ta merrte vesh gjithë fshati. Që dhe atij i vlente lëkura. Diçka autoritare, mbresëlënëse, energjike. Vrasje? Mirë, po hasëm s'kishte. Rrahje të dikujt? Mirë, po sherr nuk kishte gjithashtu me askënd. Një grabitje për t'u treguar? Po! Kjo s'kërkonte ndonjë hasëm me domosdo, hasmërit në fakt vidheshin rrallë. Ose kurrë! Pa fjalë, një vjedhje ishte prova e tij, kali i betejës!

Gjithë mbretërinë për një vjedhje!

Tash nuk po shihte më ëndrra me djersë e lëngje femre. S'mundej. Sa herë në mjegullin e ëndrrës përvijoheshin trajta femërore, ca xhunga si urth nuk e lejonin të vazhdonte më tutje. Do Merushe? Vidh. Do Valdete? Vidh! Mor po ç'm'i bie anës, të kam rixha? A do p...? Vidh!

E ai vjedhur, a fjetur me femër, s'pat kurrë.

Në ëndrra nuk kish më hapje shalësh të bardha që mbaronin në mjegull të hirtë, por hapje dyersh të botës, hauresh, magazinash, deposh dhe rrëmbim i diçkaje të tjetrit në terr. Që e bënte të denjë. Për një usta thoshin "i vjen ndoresh", për një hajdut "ka dorë". Ku ishte dallimi? Hajdut dhe usta nuk ishin veç një milimetër larg nga njëri-tjetri. Trimërohej nëpër gjumë para fytyrash që s'i njihte, thoshte: "Unë vjedh që i luaj fenë, ore, ç'më dini ju mua? S'më njihni mirë, por do shihni!". Më vonë, kur agu dhe arsyeja depërtonin me dritë rozë, i vinte ligsht nga vetja, rrotullohej në krah tjetër në shtratin e fortë, a thua se ndërrimi i të shtrirës do të rregullonte diçka. Por aty, së bashku me tendosjen dhe dëshirën e mëngjesit, i rikthehej deliri i vjedhjes, porta që hapeshin fshehur, kanate dyshe, dhe mbathje femrash që uleshin, fytyra e Merushes, së bukurës së dheut, që i thoshte me fërgëllim: "Eja o grabitësi im, o zokthi im vjedhës, o hajdutthi im."

"Femrat nuk para i kanë qejf djemt' e mbarë. Ata me kobure në brez, të jashtëligjshmit, janë ku e ku më të dëshiruar se të tjerët, populli radhiko." E kush mund t'i thoshte këto fjalë veç Fadilit?

Po piqnin misra si mëhallë nën një qiell jugu me yje të pashpirt, të qartë. Refati nuk po kuptonte në ishin kokrrat e misrit që pëlcisnin ashtu ndanë prushit, apo diçka brenda tij.

- E dëgjuat për Selfon?
- Po more, se ç'pati një sherr me të shoqen sikur dëgjova.
- Eee… Po përse e pati, ama?
- S'di gjë.
- Po ti e di që vajti në qytet për punë.
- Ëhë.
- Atje jep e merr, andej-ketej, përpiqu, dhe pak-o-gjë mezi e binte në shtëpi, korbi. Ti e di si janë atje te Selfoja, bie miu thyen kokën.
- Ëhë.
- Një ditë e sheh një nga ato zonjat mbi ballkon, një dërdënge, se Selfoja kështu nga boja e japia të merr më qafë. I thotë zonja: "Eja

me mua, se do të shpërblej". Vete birkua dhe i jep drejtim. Hallall t'i kesh, i thotë hankua në fund, dhe drënk! paratë. S'kish bërë zavalli kurrë aq para në jetë të tij. Tërë gëzim u nis për në shtëpi, bleu një herë pa iu dridhur dora e pa menduar, a i qiva t'ëmën, ç'i desh shpyrti në Pazar, edhe i sjell me vete. Gëzojnë fëmija, e shohin t'anë si baba Fetahnë, që thonë. Ky i këput ca dopjo raki, se mezeja po vardha, edhe u thotë në kulm të asaj hareje, që hani, or hani, u thotë, se nga "ky bir" i keni…, dhe e tregon me dorë…

- Shiko, shiko…
- Hi hi hi.
- Mos more!
- "Ha e hesht" i thonë një fjale, po merr vesh Selfo katrani?
- Nc nc nc.
- Na paska nderuar si fshat.
- Shumë lart na ka ngritur qerratai!
- Eh, ja ç'e mbush sofrën, po talluni ju! Një orë punë hamshori është sa një vit punë gomari, ore...
- Hi hi hi…

Kërcitjet e misrave vinin tani si miratime të nxehta. Nata gërryhej si bark vezullimesh të rrezikshme. Disa gishta të çuditshëm, me feksje diamantesh dhe vezullime floriri mbi ballkone bënin shenjë që nga thellësia, eja, eja, eja... Terri i plagosur nga zjarri me cefla yjesh mori diçka nga errësira e vrarë e një bordelloje. Muhabeti i burrave misrangrënës vinte tani vetëm si zhurmë fjalësh dhe zhaurimë të qeshurash. Bëhej patjetër muhabet nusesh, histori krushqish, të dërguarish për marrje nusesh, që gjithnjë kishin një rrezik brenda, një sherr, një pritë, një keqkuptim. Azisi po tregonte diçka për një shpurë krushqish, meseleja hahej midis rreshtave të kokrrave të misrit si tespie dhe përtypej me salcë romuzesh e shpotish. Drurin e hëngrën, po nusen e morën ama, u dëgjua fjalia përmbyllëse e Azisit. Si fjala "son" në një film turk. Refati nuk po dëgjonte më. Ai sapo kishte marrë një vendim. Çdo gjë tjetër ishte e dorës së dytë. Rrënqethej tek mendonte se sa poshtë e kishte lënë veten. Tani priste vetëm rastin (një natë me shi, me kohë të keqe, mundësisht tufan) dhe do ta tregonte veten se kush ishte. Do çalltiste!

* * *

Vjedhja është art, edhe pse jo i bukur. Me akademitë dhe Mikelanxhelot e saj.

Pas disa pasditesh të pafrytshme, Refati ia pranoi vetes që ishte gdhë në punë të vjedhjes. Zakonisht vjedhësit sillnin në fshat bagëti të imët, e madje edhe të trashë, rrëmbyer nga larg, në fshatrat e fushës. Që të mos i pikaste njeri me gjënë e grabitur, ata shkonin një shtegu të hollë si fill, që quhej Shteg' i hajdutëve, i cili priste përmes faqen e malit që vende-vende bëhej thikë, e që duhej ta njihje mirë, përndryshe të shkiste këmba e bije në humnerë. Pesë burra nga fshati ishin rrëzuar në atë shteg. Më i famshmi ndër ta, Kajtaz Dora, kishte rënë vjet, e gjetën më pas poshtë në humnerë së bashku me gjedhin e vjedhur, ashtu të pandarë edhe në vdekje.

Në atë brinjë ishte rrezik të shkoje ditën në kohë të mirë, e jo më natën, me mjegull a sqotë, duke grahur edhe bagëti për më tepër. Një shteg kërkon këmbë ikësish që të mos vdesë. Edhe pse i hollë si pe, shtegu i hajdutëve gjarpëronte gjithnjë atje, pjesë e pandarë e malit. Refati kishte frikë: me siguri, po ta provonte, do të binte që herën e parë.

56

Ndërkaq, të vidhte ndonjë pulë apo kumbull, nuk zihej për gjë. E nuse jo se jo, nuk sillte. Duhet diçka e madhe, mendoi. Doli dhe i ra fshatit rreth e rreth për të pikasur gjëkafshë me vlerë. Dyqani i Janit ishte mbyllur me njëzet hekura dhe aty rrinin roje dy qen të zinj të tmerrshëm. Ata hungëritën kur u kaloi pranë. Ai bëri sikur nuk i pa e nuk i dëgjoi. Ish gati të vinte bast që qentë e pikasën ç'po mendonte. Në dyqan kishte një top me pëlhurë, sheqer dhe vaj. Nuk dinte nëse këto do ziheshin të mjafta për nuse. Tek oborri i Meme' graria po bënin trahana në çarçafë të mëdhenj. Ishte trupi i tij që e thërrmonin ashtu dhe e thanin në diell. Që më pas të vinin korba të uritur ta çukisnin. Ashtu ma bëj trupin, çika-çika, Merushe me gjoksin si ftua. Ndrittë kush bëri trahananë! Tek oborr' i Resulit i zunë sytë dy samarë të rinj fringo. Ata samarë mbanin thasë, por jo nuse. Shtëpi e Nevzatit me asgjë për të vjedhur. Pastaj kasoll' e Hysniut. Pa brenda që nga frëngjia e vogël, një pulisht shquhej tek rrinte i mërzitur ndanë murit. Tek shtëpitë e Ajdine' dy nuset e reja po llafosnin ulur mbi murin mbajtës të oborrit të pasmë. Me zë të ulët. E për ç'mund të llafosin ashtu dy nuse të sapomartuara? Supet u rrumbullloheshin qartë në mbushjen e tyre, djemtë e Ajdine' flinin me to përnatë, i njihte, kish lozur me ta si i barabartë në fëmini, ndërsa tani ndryshuan punët, për netët me ta flasin dy gjeraqina me çu-çu-çu në vesh. E sigurt që mballoseshin çdo natë me dy djemtë, që derdheshin në to mu si qenër stani, me ato qafat e shtangëta… Kjo i këputi lukthin, i dha një sëmbim të pandjerë më parë, që nuk ish dhembje a e çpuar, por që prapë e cyste të ulërinte me mushkëri ujku. Nusja e tij do t'i çuçurinte shoqes për netët me të, sa ajo tjetra të shqyente sytë. Mos më rënç në dorë, Merushe…

Pas pak u dha ndërtesa e shkollës. Vështroi brenda. Asgjë me vlerë. U bë gati të ikte, kur në fund i mbetën sytë tek dërrasa e zezë, e cila kishte ende diç të shkruar me shkumës. Ajo dërrasë mund të hynte në punë për shumë gjëra. Me të mund të bëhej një sofër birinxhi, a një dollap së mbari…

Nata ishte pa shi, por e errët mjaftueshëm. Nuk bënte as ftohtë, as ngrohtë. S'lëvizte asnjë gjethe. Tamam natë hajduti, i tha vetes për t'i dhënë zemër dhe krenari. Në shkollë dyert i kishin mbyllur, por u fut kollaj nga dritarja. Provoi ta shkulte dërrasën me forcë nga muri, por ajo nuk luante vendit. U kujtua që nuk kish marrë asnjë vegël me vete. E ku vete kështu, a i vrarë, si hankoja në dasëm, i shfryu vetes. Pa rreth e rrotull, dhe sytë i shquan nëpër terr mashën e sobës në cep të dhomës. E mori dhe arriti ta fusë midis murit dhe dërrasës. Pastaj e përdori si levë duke i mëshuar krahut sa mundi. Dërrasa lëvizi pak me një kuisje mushkërie të thatë. E përsëriti disa herë këtë, deri sa dërrasa dhe muri u ndanë nga një boshllëk që sa vinte e rritej dhe gjithnjë e më lehtë. Në fund dërrsa ra në dysheme me një zhurmë që mund të ish dëgjuar në gjysmën e fshatit. I ngriu zemra. Vuri veshin, priti, por gjë nuk pipëtiu. Bashkë me djersën iu ftoh edhe mendimi. S'do mend, kush do të dëgjonte se si rrekej ai nëpër natë, të gjithë ishin majë grave të tyre, kur bien topat nuk dëgjohen dyfekët.

E kapi dërrasën me të dyja duart për së gjeri - së gjati nuk do mundte - dhe e tërhoqi gjysmë zvarrë deri tek dritarja. Frika se mos dritarja nuk e nxinte ia bëri akull djersën mbi shpinë. E provoi pjerrtazi dhe me të shtyrë e nxori jashtë. Dërrasa bëri një zhurmë të mbytur. Por tani nuk kishte frikë se mos zgjonte njeri. Edhe në mos qofshin majë grave, burrat e vërtetë ishin ndanë tyre, kurrizkthyer, mospërfillës, dhe nuk donin më gjë nga bota. E hodhi me mundim dërrasën mbi shpinë dhe u bë gati të bënte tutje, për në shtëpi të vet. Kur dëgjoi ca çape të mbytura rrugës. Fadili. Një Zot e di se ku po shkonte. Por gjithsesi nuk shkonte për të vjedhur një copë dërrasë.

Pasi tjetri u zhduk, ai u nis për në shtëpi mes një shtegthi gati të parrahur, Shteg' i jaranit. Ajo dërrasë po i rëndonte si të ish një rrasë guri. Arriti në shtëpi i dërrmuar, e futi rrasën në qilar, dhe po mendonte ç'do të bënte me të që të tjerët ta shihnin, e bashkë me ta edhe familja e Merushes.

Të nesërmen e kuptoi budallallëkun që kishte bërë. Të gjithë po flisnin për vjedhjen e çuditshme. U hamendësuan sidomos hasmëritat që mund të kishte mësuesi i shkollës, një i ardhur që nuk para përzihej shumë në punët e fshatit dhe që nuk mund të besohej se do të kish ndonjë hasëm. Ai rrinte pa folur, madje as habi nuk shprehte, pa le më zemërim që jo e jo, e kjo i yshtte më shumë pandehmat se ai diçka duhet të dinte që rrinte ashtu. Nuk di asgjë, foli më në fund mësuesi, përmbylltazi dhe me zë të qartë, sa ta dëgjonin të gjithë burrat që po rrinin tek rrapi. Nuk kam hasëm, nuk i kam bërë njeriu keq. Mësimi do të vazhdojë. Kaq.

Refati u kthye në shtëpi me ndjenjën e të pëgërit nën vete. U fut në qilar. Dërrasa, e ngrënë në anë nga të zvarriturit, mbështetej pas murit si një faj i pjerrët. Pa mbi të fushën e fshirë nga supi i tij dhe gërmat e mbetura që nuk arrinin të thoshin më gjë. Nuk do habitej sikur në atë dërrasë gërmat të lëviznin për të krijuar emrin Merushe.

Analfabet, i tha vetes. I hodhi dërrasës një leckë të vjetër qilimi sipër dhe doli me dëshirën për të mos e kujtuar më kurrë.

Në fshat nuk kishte asgjë për të vjedhur që t'ia vlente – ky zbulim e tronditi pak. Gjatë javëve që shkuan, Arifi ishte martuar me Minushen; Serveti kishte bërë një krushqi diku pesë sahat larg, një fis i mirë thoshin, dhe Alushi kishte shpallur po ashtu fejesën me Bedrijen nga një fshat i vogël njëmëhallësh, i dyti rrugës kur shkoje për kasabá. Të tre djem të çalltisur, Alushi kishte bërë madje edhe burg për rrahje. Kur i shihte rrugës, i dukej sikur ata e dinin hallin e tij dhe e qesëndisnin me sy. Ata ishin me fat, ca gjëra janë të shkruara. Shtëpi e Arifit me të vjedhur qe mbajtur tërë jetën. Arifi ishte mbase rruga për nuse. Kur një shkes dështon, e ka radhën allçaku.

Arif, dua të më bësh një nder. Çfarë? S'di si ta them. Çfarë? Dua të më kuptosh. Kur qenka kaq siklet lëre mo e thuaj fare dreqin. Jo, jo. Duhet. Epo thuaje të shkretën. Dua të më merrni me vete. Ku? Kur të shkoni për… Për çfarë? Ë-hëm … po ja, a keni ndërmend të merrni ndonjë bagëti a gjë andej nga fusha? Ahaa… po thuaje, o i uruar, ç'na le varur. Hë, si thua? Po ti s'ke nevojë. Ti djalë i vetëm je. Mos shiko ne ti, që bëhemi vet' i trembëdhjetë. Mirë, mirë, por a do më marrësh? Refat, po ajo nuk është për qejf atq'. Është për hall. Po edhe unë për hall… Po thuama të shkretën si është puna. Hiç, dua të merret vesh që edhe unë… Hë? Që edhe unë ia them. Ia thua për çfarë? … Po thuaje a të qivja udhët, si e ke hallin. Ashtu e kam punën. Aaa, po nuk më the, nuk kam se si. Mirë. Ja, dije… S'po me zë njeri për bishti! Për bishti përse? Mos do të bëhesh kryeplak? Jo, jo… Po çfarë pra, se na nxore thinja. Edhe ç'të kish qenë ajq'… S'po më jep njeri nuse! … A? Si, si? Po! Jo mo, jo… Ahahahahaaa… Mirë, qesh. Faj kam vetë që të thashë. Ahahahahaaa… Ta thashë në mirëbesim.

Ahahahahaaa… E dija, s'duhet ta kisha thënë. Mirë ma bën. Ahahahahaaa…

Arifi bën të iki. Hedh disa hapa, pastaj kthehet: Të ka vajtur keq në kokë, sa don ta rrezikosh në at'farë feje, ë? Refati nuk përgjigjet. Arifi kthen krahët dhe bën prapë ca hapa. Pastaj kthehet vrrulltazi sërisht. Tjetri po ikën si i zhgënjyeri, pa shpresë, me shpinën kërrusur. Dil pasnesër poshtë te Përroi i Firarëve, thërret. Në të errur! Merr bukë dhe një fagur ujë me vete. Dhe litar.

* * *

Refati arriti tek përroi shumë më përpara se të tjerët. Ujët fliste një gjuhë të bukur që mund ta kuptoje si të doje. Shpërndante përreth një lagështi nga ato që të hyjnë pa kuptuar dhe i ndjen vetëm kur është vonë. Gjithfarë gjallesash gëlonin rreth e rrotull, edhe gjethi e kish ngjyrën më të errët. Retë po shtyheshin drejt majës së malit mbi fshat. Ato të ftonin të shkoje në shtëpi sa pa nisur rrebeshi. Një kaproll i trembur kaloi vrikthi pa e ndjekur gjë. Gjethet e lisave dridheshin pa erë të dukshme, sikur kishin ethe. Vjeshtë e tretë po ikte, e bashkë me të dasmat. Merushja!

Arifi erdhi vet i tretë, të gjithë nga i njëjti zjarr, një vëlla dhe dy kushërinj të parë.

Refati u ngrit vetiu. Ata nuk e ndalën hapin dhe ai u vu t'i ndiqte. Nuk i pyeti ku po shkonin. Pas pak fusha u hap përpara, një jorgan mbrëmjeje me njërin cep të hapur që të joshte t'i hyje brenda. Ajo pamje e mbrothët me ugare, vija, të korra e mullarë e bëri të kuptonte më shumë se kurrë që nuk donte assesi të vidhte. Por ishte shumë vonë. Arifi u bëri me shenjë të ndalnin. U ulën në një pllakë të madhe guri nga ku shiheshin qartë shtëpitë dhe kasollet e shpërndara poshtë. E sheh atë kasollen në anë, veç të tjerave? e pyeti Arifi. Refati pohoi me kokë. Atje do vemi. Sot kanë sjellë bagëtinë aty, nuk ka roje e gjë, roja vjen nesër, dera thyhet kollaj. Do marrim secili nga një sheleg në krahë dhe do ngjitemi nga shtegu mos na sheh njeri. Refati pohoi prapë me kokë. Shteg i hajdutëve, mendoi. Mos ki frikë, tha Arifi, kjo është nga ato të kollajshmet fare, ndaj dhe të mora. Refati u mundua ta shikonte me mirënjohje. Hajt se në krye të vitit do i biesh "palokut", qerrata… Hi hi hi, ata qeshën duke e parë gjithë gazmim. Presim sa të erret, përfundoi Refati. Futemi më mirë në këtë arën këtu mos na shohë njeri, se ne damkën e kemi dhe aq duhet.

Kur u err edhe ca, ata u nisën të gjithë drejt kasolles së veçuar. Kasollen që ndahet nga tufa… Rrugës Arifi dha udhëzimet e fundit. Ti Refat do bësh roje në krye të rrugës që vjen nga fshati. Po pe njeri që larg, vërshëlle fort. Di të vërshëlleç? Di. Pa provoje një herë. Ai e provoi. Mirë, në rregull. Ne po marrim nga një sheleg, dhe një për ty, dhe erdhëm. Në krye të rrugës Refati qëndroi për rojë, ndërsa burrat u nisën drejt kasolles. Zuri një shi si me mëdyshje prurë nga një erë krejt e sigurt. Mbase të ndenjurit në vend i dha Refatit të dridhura. Nuk e dinte a kishte frikë, apo ftohtë nga të lagëtit. U mundua të përfytyronte se si do të dukej në fshat pas kësaj, respektin e gjindjes, dhe Bidon që do vinte nga shtëpi e Merushes me lajm të mirë. Pastaj Merushen që gjithnjë, në çdo lloj mendimi, i shfaqej duke hequr këmishën, zhveshje që vazhdonte pa fund. Ajo ish tani veç një sheleg rrëmbyer më tutje. Aty i erdhi për herë të parë një mendim i errët, si nga muzgu. Po sikur, me gjithë trimërinë e dëftyer, ata të Merushes të mos… U bë gati të nxehej nga kjo, kërkoi për duhan në xhep, kur i zunë sytë një hije që po e vëzhgonte përballë. Ishte një djalë i vogël me kërshëri armiqësore. Nuk dinte ç'të bënte. Hija nuk mund të quhej fëmijë, por as i rritur jo. Befas tjetri brofi nga vendi ku e kish këqyrur një Zot e di se prej sa minutash, dhe duke thirrur "aaaa" me alarm, ia mbajti me të katra drejt grupit të shtëpive të mëhallës që mezi shquanin tani ndanë rrugës. Refati mbeti si i çmeritur një copë herë, duke parë nga errësira që përpiu djalin. Pastaj u kujtua dhe vërshëlleu fort në drejtim të kasolles. S'kaloi shumë dhe burrat dolën që andej me ngut, me shelegët e bardhë në krahë që u rrinin si brerore. Me shpejtësi ata hynë në mezhdë dhe po afronin duke vrapuar sa mundin – tani u dëgjohej edhe dihatja. Refati u ndje keq. Po sikur alarmi të kish qenë i kotë? Mori drejt burrave që po afroheshin, që t'u ndihte duke marrë shelegun e vet. Ia dha më i fuqishmi prej tyre, gjithë duke dihatur. Prisni shkurt, drejt shtegut, thirri Arifi. Nga ana e fshatit u dëgjuan zhurma. Burrat e fshatit dhe qentë e tyre ishin një hungërimë që ndihej se po afronte. Lehja e natës është e tmerrshme, si një shikim të verbri. Pas pak u dëgjuan të shtëna. Na panë, thirri Arifi. Bjerini pyllit drejt, shihemi te përroi. Refati u bë gati të flakte shelegun nga qafa, por asnjë nga burrat nuk e bëri një gjë të tillë. Vetëm u dhanë këmbëve me një shpejtësi të pabesueshme. Ai vrapoi pa dëshirë, kjo ngarje nga sytë këmbët nëpër natë e bënte gjithë çalltisjen kaq të turpshme. Desh ta flakte bagëtinë nga supet, por aty mendoi se kjo do t'ish dyfish turp kur të merrej vesh. U dha këmbëve sa mundi, kish mbetur pas, dhe iu bë se një qen ndjekës i ish avitur fare pranë. Ndjeu kafshimin e tij, dhe një njomje gjaku në këmbën e majtë. Priste dhembjen e plagës. Dhe tjetër kafshim. Por as dhembja, as kafshimi nuk po vinin. Pasi eci një copë herë, pothuaj kuturu, i habitur që s'e kishin kapur akoma, ndali dhe lëshoi delen përdhe. Asaj i kishin lidhur këmbët me litar dhe ra si shakull. Picërroi sytë nëpër terr. Kishte hyrë në pyll. Nuk dëgjohej gjësend. Preku këmbën e majtë dhe ndjeu pëllëmbën që iu njom. E provoi me gjuhë. Ishte gjak. Nuk duhej të ishte plagë e rëndë, gjithsesi. Mori prapë delen në krahë dhe eci me hamendje, pa rrugë, përmes pyllit. Shiu nuk kish pushuar tërë kohën dhe pasi kishte njomur kurorën e pyllit, po çurgonte poshtë si prej një bruce të lagur. Nuk dinte në kishte ecur me orë apo me minuta. Kur këmba i shkeli në diçka që iu duk si bajgë njëthundraku, u gëzua. Dukej si shtegth i rrahur, por jo aq sa të shquhej qartë. Drita ishte si pluhur mielli i hedhur me dorë – nuk mund ta merrte vesh dot nga vinte, veçse barku i reve fekste një gri të murrme që herë-herë bëhej për pak dekika lejla e mbyllur. Ndoqi sa mundi atë që mund të ishte shteg, dhe pas ca ndeshi bajgën e dytë, pak më pas të tretën, kurrë nuk i kish vlerësuar hajvanët e ngarkesës sa tani. Padyshim që bënin dru këtu, nuk duhej të ishte larg as përroi.

Përroi doli përpara kur ai e priste më pak. Ishte ngjitur shumë më tepër se pika ku ishin takuar, shtrati i rrjedhës këtu ishte më i hollë. Nuk dinte ç'të bënte, të ngjitej lart për fshat, apo të priste të tjerët. U kujtua që ishte plagosur dhe që plaga nuk i kishte filluar dhembjen ende. U tmerrua nga mendimi që mund të ishte duke humbur gjak ndërkaq, dhe mund të vdiste nga kjo. Iu pi ujë, por nuk piu, pasi kish dëgjuar që të plagosurit nuk duhet, se vdesin. Lagu pak buzët dhe vërshëlleu fort. Nga poshtë dikush iu përgjigj po me vërshëllimë. Arifi! Po vinte i vetëm me dele në krahë. Kur u afrua, Refati mundi t'i shquajë parakrahun e majtë të lidhur me mëngë të shqyer këmishe dhe të gjakosur. Plagosur edhe ti? e pyeti kur ai erdhi fare pranë. Po, iu përgjigj tjetri. M'u hodh një qen i tyre.

E vrava me thikë të mos bëhej zhurmë. Mos more… Po. Tani i kemi hasmër këta të fushës, iu kemi vrarë qenin. Ku e dinë ata kush e vrau? pyeti Refati. Tjetri qeshi hidhët. E dinë, Refat, e dinë. Gjithnjë. Je plagosur edhe ti, the? Ku? Në këmbë. Rëndë? Nuk e di, dhembja nuk ka filluar akoma. Hmm… pa dale… Eh, po nuk je plagosur ti, ty të kanë vrarë shelegun dhe nuk e ke kuptuar. A? Po, po… gjak shelegu ai, nuk është yti… Nisemi! Po të tjerët? Të tjerët? Duhet të jenë në fshat tani. Nuk të pritën ty?! Pse do më prisnin? Këmbët e shpejta, faqja e bardhë. Ku e di që nuk i kanë kapur, ose nuk i kanë vrarë? Po kush tha që e di? Nisemi, boll me pyetje. Arifi u nisi pari. Refati e ndoqi pas, me delen e vrarë mbi sup. Kështu kish dëgjuar për ujqit që merrnin shelegët në qafë për t'i shpënë në strofkull… apo për t'u bërë përshtypje ulkonjave. Pas ca rruga zuri të bëhej e thepisur. Ky ishte i famshmi Shteg' i hajdutëve. Nisi të ecte me shumë kujdes. Ndiqmë mua, tha Arifi. Shyqyr ka pakëz dritë. Refatit iu bë më terr se kurrë. U mundua të mos shkëputej nga tjetri. Por shpina e tij herë dukej e herë zhdukej në terr. Ishte një ecje si mbi një tra, me kujdesin për të prekur truallin përpara se të lëshoje peshën e trupit dhe të deles së vrarë. Ishte i stërlodhur, por nuk kishte kohë të mendonte. I erdhi keq që nuk ishte plagosur, ai e kish jetuar ndërkaq plagën e vet. Por jo, atij vetëm i vritet delja, ai nuk ka ç'dëften, atij nuk i ndodhin gjëra trimërore, si Arifit, i cili me parakrahun e copëtuar nga qeni i egër mund të kish cilëndo vajzë në fshat. E kush nuk do t'ia jepte çupën Arifit me atë krah të mrekullueshëm! Pas ca iu bë sikur zhdukja e shpinës së Arifit po vazhdonte vërtet gjatë. Mos kish mbetur pas? Donte të vërshëllente, por nuk mundi, tabani i këmbës nuk po i zinte truall, këmba humbur dherin si syri shpinën udhëheqëse të Arifit. Iu bë se kishte shkelur një pus në grykë… nuk mund të mbahej më dhe e gjeti veten tek rrokullisej shpatit, bashkë me delen e vet, kërcente mbi supe shkurresh, derisa goditi diçka jo shumë të fortë, me gjasë ndonjë shkurre përfund shpatit. Nuk dinte dot a ishte i plotë, ku e kish krahun, këmbën, fare mirë vetja mund t'i mbaronte tek qafa dhe në vend të trupit të kish një copë nate... Merushe... Delja rrinte afër tij e padëmtuar, ose mbase i dukej atij ashtu, një bashkë yjesh ngulur në furka prralli, e bardhë, e butë, kjo ishte nusja e merituar të cilën e kishte rrëmbyer trimërisht. Ky ishte mendimi i fundit para se terri të ngjitej nga qafa drejt kokës dhe syve të tij.

TUNELI I DHËNDURËVE

Sa pak iu këndua dhëndurëve! Gjithë përqendrimi, arti, mahnitja u përmblodh tek ajo me të bardha, me duvak, fytyrëmbuluara. Të gjitha kamerat, sytë, kuotat e shikueshmërisë, ngashërimet e përlotura, kërshëria, vjershat, bejtet u kumbisën atje. Ajo është qendra fokale e thjerrëzave të syve tanë; që djeg më keq se përqendrimi diellor. Dhe ai aty afër, fytyrëzbuluari, i vetmi aktor pa të cilin e gjithë loja është e pamundur, anashkalohet me ndonjë varg aty-këtu, si për të bërë qejfin, sa për të shkuar radhën, *o dhëndër ku vete kështu, gjer te nusja* (ja prapë ajo, se mos nuk shfaqet edhe kur thërritet ai!), pra gjer te ajo *kam pak punë…* (mos u ngut, a i vrarë, atë punë do kesh gjithë jetën, dhe angari madje).

Si në pikën trefishe të lëndës, ku të gjitha gjendjet e saj mpleksen njëzëri, ku avulli, uji dhe akulli pushojnë së qeni siç i njohim dhe ngjizen thjesht në lëndë, edhe në jetën e burrave ka një çast ku

67

përzjehen fëminia, adoleshenca dhe burrëria mu në thelbet e tyre njerëzore: dhëndër. Fqinjëron fëmija me burrin, droja me epshin, turpi me pushtin, pendimi i lehtë e ngurrimi me ca zare që janë hedhur dhe që s'dihet ç'do bien, dëshira e fshehtë për seks e goditur pa mëshirë nga daullexhiu, por e yshtur sidoqoftë nga budallallëku, fqinjërojnë njëqind lango dhe tango që tërbohen përreth me një fytyrë femre që nuk është aty, më të cilën s'mund, s'mund, s'mund… Ai ka ndenjur pa bërë zë gjatë gjithë ceremonisë, ai nuk e njeh atë, të cilën do ta shohë për herë të parë në dhomën e tyre. Asnjë sipar nuk është ngritur me aq dramë sa ajo vello e lehtë mbi fytyrën e panjohur. Ai është punëtor skene, tërheq ca litarë që ngrenë perden, i sigurt që fytyra që do të shfaqet nuk është si heroina e posterit te muri përballë, heroina e netëve të gjata kur luante me veten. S'do të ketë më nevojë për këtë tani. Si s'po mbarojnë këto të shkreta dollira e si s'u frynë ato fytyra me mustaqe duke pirë raki, si s'u lodhën ato gojë duke çapërlyer mish me dhëmbët e firuar, s'u shqyen ende ato barqe duke u rrasur me përdhunë lloj-lloj mezerash, kukurrecësh, gabxherësh që së bashku tërbojnë e plasin çdo rropulli insani… Mjaft më! Pse s'i bien gongut për të vajtur atje, te ajo dhoma, ku rri brenda ajo që pret më në fund t'ia ngrejnë siparin, t'ia shikojnë fytyrën, t'ia zbërthejnë rrobat pjesë-pjesë, t'ia heqin brezmekët… e brekët…

Ka diçka bordelloje në tërë atë mesele, ku qihesh me dikë që s'e ke parë ndonjëherë dhe s'i ke folur kurrë më parë për një mendim a llaf e muhabet. Familja e shenjtë fillon me një seancë që pak ndryshon nga një kuplara e mbuluar me kulpra turpi e luspa kurmi, pjesa jote prej peshku dhe frika e lavires, gogoli i vërtetë i dhëndërisë, një lloj hardhie helmuese që degëzon në shtrat e rrushi i mëkatit ngjit nëpër gishta ngjyrë vishnje si nata e mëngjesi i vështirë. Si? Këto gjëra s'ndodhin më, janë hipotetike, folklorike, fantazmagorike, filmike, askërkundëse? Por po flasim për dhëndër, o njeri, dhëndër prej vërteti, nga ata manekino-butaforikët, s'po flasim për të iluminuarit, të emancipuarit, që martohen pasi kanë bërë dy fëmijë dhe presin të tretin, apo që rimartohen të përtërijnë betë e rrufetë që i kanë bërë shoshoqit dikur, ashtu për qejf, sikundër sheh për së dyti një shfaqje që të ka pasë pëlqyer shumë, një *encore* thellë pasmesnate i filmit të orës më të ndjekur të mbrëmjes, si me thënë *primadonnas* së orëve... Flasim për dhëndër të parë. Virgjërush të paparë. Që etja e piu. Dëshira e mpiu. Kërshëria e griu. Që vajti, por ç'pa e ç'fitoi, derëziu! Një çudi prej çilimiu, qan i ziu prej vetiu. Flasim për këtë, jo për dhëndrin parafabrikat prodhuar në Vegas, përbetimet e të cilit janë përthithur me kohë në hitin "sa e mbajti bari vesën, aq e mbajti jevgu besën".

Ai ka ndenjur i ngrirë gjithë kohën, me mendjen në një pikë, me idenë fikse pas një dere, si mal i heshtur që mban brenda një vullkan, që do të shpërthejë siç di ai, vezuvçe, ja sa t'i hapet ajo dera atje... te shtatë zymbylat, tek bërbuqja e sapoçelë që do t'i marrë erë. Ora po vjen. Ja dhe furia e këngëve dhe zurnave sikur po fashitet. Ai është vezir që po shkon të marrë Stambollë, më shumë akoma, është sullltan që po përgatitet të hyjë triumfalisht në Stamboll, hapu Sezam... Porse ëndrra, mashtruese siç e ka në thua, ia çon dëshirën e qejfit prapa kurrizit.

I thonë të shkojë atje te Sezami, të hapë dyert, të shikojë thesarin dhe ndërkaq, krijojnë një korridor përmes të cilit duhet të kalojë që të arrijë Sezamin, me njerëz të përndezur dhe në jerm, syshtrembëruar që vetëm shikojnë dhe nuk pranojnë të shihen, që trokasin duart, në duhmë alkoolike, me ritëm të çmendur. Ai nuk është korridor, por tunel i ferrit. Vetë dhëndri është VIP njëditor, president, ministër i jashtëm, kryevezir, ato duar mezi ç'presin ta prekin, ta ndukin, ta pickojnë fort, t'i lënë shenjë, ta godasin me shpullë ku të mundin. Është më keq se ecja e magjistarit mbi thëngjij, se thëngjijtë i mashtron si i mashtron, me teknika, me marifete, por atyre syve të thëngjijshëm si t'ua bësh, atyre duarve me kallo dhe gishta që u shëmbëllejnë oktapodëve, atyre këmbëve që godasin truallin me ritëm të marrë dhe që janë gati të godasin me shqelma në eufori, si një kalë me vringëllima patkonjsh. Ai kërkon të arsyetojë me instinkt, të gjitha këto nuk duhen, s'ka pse, hajt të merremi vesh, të negociojmë. E ka kot, sepse muret e atij korridori nuk epen, ata thjesht presin që ai të kalojë përmes dhe të goditet e kafshohet e lëndohet gjithsesi. Ai e sheh që s'ka shpëtim. Duhet të kalojë si përmes rrathësh të zjarrtë, në qoftë se do që të… bëjë atë për të cilën i ka bluar mendja githë atë ditë, ato javë, muaj… praktikisht qyshse s'mbahet mend.

Ai kujton se e gjitha kjo është thjesht një çmenduri e ndezur nga alkooli dhe nuk mund të kuptojë se çdo gjë është përllogaritur me saktësi në një mijë e një dasma të tjera, zhgënjime dhëndurësh të dikurshëm, prishje dasmash, kobe pa vdekje, urtësira popullore ku pyetet i vuajturi dhe jo i mençuri. Po, pas asaj dere ku martesa pritet të konsumohet si malli i ri në bezistanin e kasabasë, pasi u lëvdua me gjithë ato tarnanara e berihaj, ka të ngjarë që ta presë zhgënjimi. E çë nëse ai pëlqen bjonde dhe ajo qëllon zeshkane, me qime e push të errët edhe në vende ku ai nuk para do? Po në dashtë flokëkuqe? A e di sa të rralla janë flokëkuqet? Ato me preka dhe hundën me majuc? Me lëkurën e shalëve të bardhë si qumësht i parrahur ende? E shumta rrush i bardhë dhe pakëz rrush i zi. A? Se në fakt, gjasat që ti të gjesh atë që ta prishi virgjërinë teknikisht në ëndrrën e parë erotike (më saktë të gjesh të ngjashmen e saj), janë gati zero. Pra gjindja prandaj bëhet si e egër, përbindëshe, shpullarënëse e shqelmadhënëse, që të ta heqë ty mendjen nga rokoko të tilla si tipi i flokëve apo i mishit të kofshëve apo forma e gjoksit dhe mermeri i gushës, që të thuash se ka edhe shumë më keq, që kur të arrish atje, edhe shtrigë në qëlloftë ajo, të të duket si qiell, të thuash ku qe ky fat, kjo parajsë, ti nuk më vret shpirtkë, *love me tender*, një dorë që s'të vret është natyrisht e bukur, dy këmbë që s'të godasin janë natyrisht parajsore, dhe po të shkosh pastaj më thellë, me pak mbyllje sysh, një shtrydhje të lehtë të imagjinatës së lagur qull me lëng pritjeje, do të arrish në përfundimin e pashmangshëm që tek e fundit të gjitha… aty… një makinë i ka prerë, në fund të fundit, sidoqoftë, megjithatë, ndërkaq, edhe pse, për më tepër, se në fakt… bam-bara-bam…

Po, ai tunel mbart një ogur. Vorbull që thith dhëndër. Atij i duhet të shkojë mes tij në qoftë se do të sigurojë vazhdimësinë e llojit të vet. E keqja e domosdoshme, me fytyrat e parruara, me mustaqet e yndyrshme, me ngazëllimin idiot bëhet befas e arsyeshme, një lloj çmimi që duhet paguar për të arritur atje, te borëbardha, te mjellma me qafën e gjatë. Dhe ai e merr guximin. Mbyll sytë. Futet në atë korridor të përçudur. Zvetënohet. Qesh me goditësit. Bën si i lumtur edhe ai me ta. E pranon atë realitet. I mbush mendjen vetes se është i lumtur. Më i lumturi në botë. Ka edhe një farë çeniklëku në atë ndërkryerje. Një farë trimërie me kredi. Nga ato që i paguan shtrenjtë më pas, me këste. Shpirt i nxjerrë pikë-pikë. Ti po e çan shtegun tonë me pallë në dorë. Aferim!, i duket sikur po i thonë. Dhe po i thonë vërtet. Ato mure kanë sy e veshë. Dhe gojë. Zhvirgjërimi i parë i dhëndrit ndodh tamam atje, teksa bëhet palë me ato lëtyra solemno-dasmore. Ai zhvirgjërimi tjetër është veç një ngjarje pa rëndësi. E dorës së dytë. Si në ata filmat horror, dhëndri do bëhet një si ata, do të bëjë pjesë në muret e ardhshme për dhëndurë të tjerë të rinj në një qerthull djalli pa mbarim. Ai tunel është shtypës. Ai të detyron ta pëlqesh atë pulëbardhën atje brenda. Sepse do mepatjetër të justifikojë qenien e vet. Kërkon që gjithçka atje brenda të jetë e përsosur dhe e lumtur. Tuneli e dikton lumturinë. Nuk i duron të pakënaqurit. Të nesërmen kërkon teskerenë e vulosur të lumturisë me dyll të kuq. Mirë se erdhe në radhët e burrave. Tani nuk je më dhëndër. Je burrë. I nderuar. Fermanin ta pamë. Ato vula në trup e në qafë nuk merren vesh nga i ke, nga goditjet tona apo nga rrufitjet e asaj, por ti mos e dëgjo shumë atë, se me sa mbushet pusi me gjilpëra, aq mbushet edhe ajo... Ajo në fakt është armiku yt i lindur, por ti duhet të hiqesh sikur ajo ishte tamam çka ëndërrove. Dhe tregoju të tjerëve sa me fat që ishe, trego dëshmira bindëse, jo vetëm çarçafë, por edhe rrëfenja se sa e mirë është, e dëgjuar, e respektuar..., bëhu palë në përbetimin tonë dhëndërngrënës, deri sa të vijë tjetri i radhës, i riu me ëndrra dhe dëshira shumë, që t'i japim duart edhe atij, se kot nuk u thonë ashtu atyre, dhën-durë-ve.

VET' I GJASHTË

Gjashtë ushtarë të mbetur të një skuadre pothuaj të përgjysmuar nga beteja e djeshme hiqen një are me filiza të mbirë para një muaji, edhe pse kudo ka luftë. Mbase kanë humbur rrugën, mbase po e lexojnë keq hartën, apo me kast po i largohen frontit të luftes. U shfaqet një lagje fshati që nuk është në hartë. Ata hyjnë në ngrehinën e parë që u del përpara, një grazhd pa lopë, por me kashtë të verdhë, të pastër, luksoze, dhe shtrihen mbi të pa një pa dy e i zë gjumi. Zgjohen të tmerruar nga qetësia. Kapin armët, me hapa të kujdesshëm shkojnë tek dritaret. Njëri merr helmetën dhe me një shkop e ngre tek dritarja, në pritje që një predhë ta çpojë atë mes per mes. Asnjë e shtënë nuk dëgjohet. Kjo i habit. Nuk u ka ndodhur prej javësh të mos përfillen kësisoj. U kujtohet uria. Dalin në fshat. Dyert duken të lodhura, nuk presin kënd, por s'do të kishin fuqi as të kundërshtonin, nuk janë të mbyllura me kyç, por as të hapura nuk janë. Ushtarët s'dinë ç'të bëjnë, të lypin, a të bastisin me forcë, ata munden, ata kanë armë. Kërkojnë kishë me sy, kishë nuk ka. Një bokërimë mund të merret si shesh i fshatit, qëndrojnë aty, duken si zogj dimri. Janë të sigurt që i kanë parë ndërkaq. Fshati ka njerëz, tymi nga një tymtar i padukshëm ua kumtoi këtë. Presin për nuk dinë se çfarë. Domethënë presin kohën. Pas dy orësh, një vajzë e vogël avitet dhe kur arrin dhjetë hapa larg tyre, lë një bohçe të murrme dhe ikën me vrap. Ata e hapin, brenda gjejnë dy bukë rrethore dhe një shukë gjalpi me kokrra kripe të mëdha nëpër të. Hanë si të lumaksur, në fund ndiejnë kokrrat e kripës mes dhëmbëve.

Askush nuk erdhi me t'u thosh gjë, ata vajtën prapë tek grazhdi, fjetën, kur u ngritën patën prapë frikë nga qetësia, por jo aq sa më parë, dolën prapë tek sheshi, vajza erdhi me torbë, këtë radhë më të pakët, vetëm bukë, pa gjalpë, ata hëngrën me më pak lumaksje, tymi nga tymtari i padukshëm doli përsëri i zi, dita do të ngrysej si e djeshmja, por përpara se ajo të thyhej, ata panë një fshatare me një bucelë të madhe që nxitoi si një kunadhe e frikësuar, pa parë nga ata (dukej qartë megjithatë që gjithë vëmendjen e kish tek ata), u zhduk pas një kthese të padukshme, por s'kaloi shumë dhe u kthye, këtë radhë me hap të renduar, ndihej pesha e bucelës plot, ata e shoqëruan me sy që zbrazeshin, ajo u zhduk pas gjerdheve, atje ku fillonin shtëpitë. Kuptuan. Ishin në mes të rrugës së burimit. Dy prej tyre shkuan të shikonin, burimi ishte vërtet afër, mbushte një topilë të topitur, ujët shijonte si hekur, ose u bëhej atyre ashtu, si mish iriqi, thanë, u kujtuan që mund të gjuanin, panë përreth, ckërkat nuk fshihnin asgjë, duket gjahun e trembte lufta, ikën në një korije, panë dy lepuj të egër, të cilët armët e tyre luftarake do t'i zhbënin copë e çikë, asnjëri nuk mendoi të vazhdonte rrugën, le t'i kujtonin të vrarë, hoqën këmbët zvarrë për nga ajo lagje fshati, pas së cilës s'dihet pse po lidheshin kësisoj, gjetën pa mundim grazhdin dhe fjetën përsëri mbi kashtën e verdhë, pa i hequr kapotat.

Lufta vazhdonte, por ata s'merrnin dot lajme. Aty doemos nuk vinin gazeta, as komunikata. Sidoqoftë do ta merrnin vesh gjithsesi kur lufta të mbaronte. Mbase nga era në ajër. Ata kishin zhvilluar një nuhatje qeni për luftën. Për luftën, jo për vdekjen. Vdekja është pa ngjyrë dhe pa erë. Vetëm gurgullon e fryn. Fronti duhej të ishte tutje në lindje, ku vija e qiellit përflakej nga gjaku në agim. Atje vdekja gëlltiste me gojë balene tufa sardelesh të gjelbra, artileria kishte një uri të paparë. Ndërsa këtu në fshat, edhe ajri, edhe uji ishte i ndenjur, nuk vinte erë lufte. Vajza a vogël sillte torbën përditë, tashmë para grazhdit, mbi një pllakë shisti. S'dihej pse, o për bamirësi, o nga frika. Gruaja shkonte për ujë duke ecur si në fushë të minuar. Ata ende nuk kishin parë asnjë burrë. Ku ishin burrat? Pyetje e tepërt në kohë lufte.

Paqja në grazhd mbante erë sane. Diçka kalbej ngadalë, kuptohej nga avulli. Plogështia i gjeti të pamësuar, u habitën nga zgjatja e zgjimit, kotja, ereksioni i mëngjesit, gjëra këto që i kishin harruar. Shikimet e tyre mbi shtegun që sillte gruan me bucelë filluan të bëheshin më kërkuese, ata tashmë e dinin pak a shumë orën kur ajo do të kalonte, dhe zinin vend për të kundruar, linin çdo gjë që kishin: dymbëdhjetë sy e ndiqnin kalimin e saj pa humbur asnjë lëvizje, një sfilatë e vërtetë, ata gëlltiteshin dhe kruanin mjekrat, ajo ishte padyshim gruaja më e bukur në botë. Mësuan të gjitha imtësitë e të ecurës së saj, shtrembërimin e trupit nga pesha, ato vithe të gjera e pak të rëna tani po u dukeshin të hatashme, gjithsecili e dëshironte me një djegie në vatra të ndryshme të trupit, sa herë dilnin për nevojë masturbonin duke e menduar, e me pas masturbonin pa dalë për nevojë fare.

Grindja mes ushtarëve nisi si një sherr banal. Pasi fshatarja parakaloi me bucelë si zakonisht, njëri prej tyre filloi të përshkruante me një jerm në ngritje se ç'do të bënte me të në shtrat. Dy të tjerë pasuan me rrëfimet e tyre që bëheshin gjithë më të ndezura e më të çartura. Një zjarmi e lehtë, që s'kish të bënte me dëshirën për grua, drithëronte rrëfimet e tyre, të cilat nuk kishin asnjë lloj gazmimi të lig mashkullor. Ethja e verdhë zu të skuqej, ata po konkurronin njëri-tjetrin në ato që thoshin, kush do t'ish më i zoti në shtrat me fshataren, dhe nga fundi i rrëfimit të të tretit, aq shumë qenë të thithur prej shemërisë, saqë fshatarka pothuaj u harrua, domethënë ajo ishte gjithnjë aty, por gjithnjë e më shumë si një dekor lufte. I katërti, që pritej ta çonte atë garë të marrë në një tjetër lartësi të çmendur, i zhgënjeu keq. Ai propozoi ta përdhunonin të gjithë bashkë, kjo nuk ishte fare e vështirë, madje ai shkoi deri atje sa sugjeroi të hidhnin short për radhën e përdhunimit. Dukej që e kish menduar më parë atë punë. Fizikisht ai ishte më i dobëti ndër të gjashtë, dhe propozimi i tij, mu nga kjo u duk edhe më i poshtër. Si për ta dreqosur punën dhe më tej, i pesti ra dakord me të katërtin, e nuk kishte si të mos binte sepse ai ishte pikërisht i dyti nga fundi për forcë fizike. Ajo tryezë e rrumbullakët planesh lufte u bë befas më e ngarkuar se një tryezë e vërtetë gjeneralësh. Kompastet e tyre nguleshin mbi hartën e bardhë, e cila nuk ish tjetër veçse trupi i zhveshur i fshatares, i shpalosur në thela të çara, si globi i shtrirë në hartën e murit.

I gjashti foli pas një heshtjeje vluese. Ai nuk vinte i treti nga fundi për nga forca, por ishte megjithatë më i ftohti ndër ta dhe tha atë që ata nuk do të donin kurrë ta dëgjonin: Këta po na mbajnë me bukë, dhe ju doni t'u dhunoni të vetmen femër që shohim prej andej!? Kjo ra si një ujë bore në kurriz, dhe i gjashti mori urrejtjen e menjëhershme të të pestëve, të cilët me shumë vështirësi arritën të ngjiznin fjalët e kundërshtimit, pasi ishte shumë e vështirë, në mos e pamundur, ta kundërshtoje. Por ata kruan cepat e kujtesës, si kusitë e mensës fushore, dhe arritën të gërryenin copërat e vogla të zhezhimës kundër të gjashtit, rastet kur ai kishte qenë fajtor lidhur me ta ose me të tjerë. Gjithë puna ishte t'i thoshin që mos na u hiq kaq i larë, se ti nuk je kaq llagar, të njohim, kujto këtë e atë... Me një fjalë e gjithë përpjekja e të pestëve rrekej t'i thoshte se ai ish njëri prej tyre, ti je si ne, si ne, prandaj ato fjalë moralmëdha mos na i shkund ashtu.

Kur u duk se po e vinin përpara mjaftueshëm, dhe se çështja e të gjashtit moralmadh ishte gati e mbyllur (mos na u shit ky që nuk je pra), i pari befas mori anën e të gjashtit duke sjellë në sherr një çmeritje katërshe si dhe gëzimin e përkorë të të gjashtit (a s'ju thashë?), dhe që aty, pas një riorganizimi të vogël, katërshja sulmoi përsëri hidhët, aty ku djeg më shumë, i tha dyshes me moral që ju nuk ia thoni për atë punë, ju as të qini, as të lëshoni. Këto qenë pikërisht fjalët që kurorëzuan kundërsulmin pothuaj shkatërrues, ndihmuar natyrisht nga plot fakte të pastruara nga kusitë me funde të djegura, ku të dy ata nuk qullosnin gjë dhe ku frikën e kishin në thua e sua. Nuk ka ledh mbrojtës që të mbajë këtë valë tankesh me tytat ngritur dhe batare të shtënash: as ta bën, as të lëshon. Shkrep me zjarr posi rrufeja. Dyshja u mbrojt në transhetë e fundit, mendoni si për motrat tuaja, por kjo ishte më zi, sepse e solli sherrin në kufirin e përleshjes: Kujt i zë me gojë motrën ti, mor bir kurve!

Trupat e vrarë të ushtarëve i gjetën të nesërmen, kur vajza e vogël tha se torba me ushqim nuk ishte prekur. U habitën nga kjo, dhe vajtën tek grazhdi i braktisur. Iu afruan ngadalë, si një strofkulle që nuk dihet nëse është bosh. Nuk dëgjuan asnjë zë e frymëmarrje e kjo i bëri të besojnë se ata do të kishin ikur. Siç ish edhe e udhës. E zgjatën kokën në dritare, ngadalë, si helmetën e provës për armikun, por asnjë zhurmë nuk erdhi prej andej. Më në fund panë brenda. Trupat pa jetë e të gjakosur keq ishin shpërndarë pa rregull nëpër kashtën që kish nisur të kalbëzohej. Vdekja vinte erë senazh. I varrosën në një sheshtinë aty pranë, duke u kujdesur të mos linin shenjë varri. Askush nuk mund të bindte dikë nesër që nuk ishin ata që i kishin vrarë ushtarët.

Por edhe fshati asnjëherë nuk e mori vesh që në grazhd kishin qenë në të vërtetë gjashtë ushtarë.

DEDA

(*Fjalë kyç*: klasë punëtore, **stazh**, edukim, mësim, kalitje, gjiri i klasës, punë prodhuese, **farkëtim**, kudhër, aleancë, klasë sunduese, aleate e natyrshme.)

Deda ishte shofer skode "me rimorkjo" dhe vinte shpesh për ngarkesë në fabrikën e tullave, ku unë punoja në brigadën e ngarkim-shkarkimit. Ishte brun, *vinte i hollë e pak i gjatë, dhe nuk kish shumë mish në faqe*. Sikur sapo e kishte përshkruar Naim Frashëri. Si shofer skode vinte i ngarkuar plot me legjendë, i jashtëzakonshëm, me sende të sjella nga vende të largëta, që bëheshin edhe më përrallore nga mungesa, dhe sidomos me kurva, të cilat i merrte në kabinë për t'i qirë në vende të cilat ne as në ëndërr nuk mund t'i shihnim. Kurvat i donin shoferët. Ky ishte një fakt që nuk diskutohej tashmë, e mësuam, mëse një herë patëm parë syresh në kabinën e Dedës. Ato nuk dilnin nga kabina, ndërsa ne ngarkonim karrocerinë: na dukeshin të paarritshme, njëra madje pinte duhan duke parë e përhumbur fushën plot me lloje të

79

ndryshme tullash të kuqe, për mur, tuba drenazhimi, për cap dhe tjegulla. Dallohej që ato mezi prisnin të largoheshin një orë e më parë nga ajo gjë e shëmtuar dhe e mërzitshme deri në vajtim, siç ishte fusha e fabrikës, për të shkuar në ato vendet magjike, si prej sixhadesh, me ujëvarë, lëndinë, pallonj dhe drerë të ngrirë, për t'u qirë me Dedën. Ky nga ana e vet ishte shumë mospërfillës, ai nuk mund të binte kurrë në dashuri me femrat e tij. Deda pinte duhan DS "të Durrësit" dhe pështynte gjithë kuptim. Ai ishte mospërfillës ndaj kurvave, të cilat ishin mospërfillëse ndaj nesh. Kjo e tregonte fare qartë epërsinë e padiskutueshme të tij, më shumë edhe se patenta e naftës, e cila ishte më magjike se një patentë aviatori. "Ka të naftës" – ishte si një gradë ushtarake gjeneralismi. Kurvat, në anë tjetër, kishin gjithashtu patentë, por të papërcaktuar. Ajo kabinë ishte pra diçka prej jashtëtokësorësh, shpikje që mbahej e fshehtë për të mos ulur çmimet dhe fitimet, një imoralitet molepsës si hedhja e ushqimeve dhe kafes në det kur populli kish uri, siç kishim dëgjuar, prej kapitalistëve. Ishte gjenialitet, kasafortë, top secret; ishte e patentuar.

Por Deda nuk e tepronte shumë me shpërfilljen e sipëranit, kishte raste që afrohej me ne ngarkues-shkarkuesit që punonim në skuadra katërshe dhe ia mbushnim skodën me rimorkjo me rreth katër mijë tulla rënkuese, të cilat vinte t'i numëronte më pas pijaneci Xhodë (në fakt Xhevdet-përgjegjësi). Deda nuk arrinte deri atje sa të na sajdiste me cigaret e tij me filtër, pasi çdo gjë ka masën e vet, por sidoqoftë, vinte dhe na begeniste kur nuk kishte gjë më të mirë për të bërë. Ankohej se e dëshironin femrat shumë, kishte dashnore në çdo rreth, *duhet me pas pesë kara për me ua dalë të gjithave*, thoshte si me ankim, me të folmen e tij nga veriu, që e bënte automatikisht shkodran në sytë tanë. Shkodra ishte goxha larg, në kufi me Italinë (dhe jo siç na kish mësuar profesor Shefkiu i gjeografisë), dhe atje përveç barcaletave, tregimeve legjendare për Gac Traboinin, që konkurronte rëndshëm me Shik Stërmasin tonë të Tiranës, duhej të zhvilloheshin edhe shumë gjëra të tjera të ndaluara si kampionate pokeri në fshehtësi, duhej të kish bordello nate që ditën maskoheshin si furra buke, alkool ilegal, ndeshje boksi. Shkurt, në Shkodër duhej të jetohej bukur, por rrezikshëm. Ndërsa nuk dinim pse, por kurvat e Dedës, njëra nga të cilat siç pamë me mrekullim kishte "çorape xhami", nuk duhej të ishin nga Shkodra, ato duhej të ishin nga qytezat e reja industriale me poshtë Shkodrës, të cilat kishin oxhaqe që villnin tym të hidhët me squfur, fosfor lajmesh me plehra, sekretarë partie me flokë gjysmë të rënë nga hallet dhe urtësia, të sapodalë nga filmat me Ndrek Lucë, dhe fërnet mëkatar që shkatërronte mëlçitë e të dobtëve, por jo të kreshnikëve si Deda, që ishte i admirueshëm edhe kur pështynte. Në Shkodër duhej të kishte koketa, ose *kurtizane* me mëndafsh, një fjalë kjo që mundoheshim ta gëlltisnim pa e përtypur mirë prej një libri të Balzakut.

Ne ishim disa të rinj, ose stazhierë gjimnazi, ose djem nga Tirana që nuk ia thanë për shkollë, dhe prisnim të na merrnin ushtarë sapo të mbushnim moshën e duhur. Punonim në ngarkim-shkarkim. Ngarkues-shkarkuesit e tjerë, burra nga fshatrat përreth, nuk denjonin të bëheshin skuadër me "kalamaqër". Me ne punonte vetëm Qerimi, më i vjetri ndër ngarkues-shkarkuesit, që ishte prej qytezës fqinjë me fabrikën. Burrë i urtë me gjashtë fëmijë, i ardhur nga Kolonja, me përkorje jabanxhiu hallexhi. Kur shikonte Dedën që vinte nga larg, – makinat ishin aq të rralla, saqë gjithkush e dinte qysh një kilometër tej që po vinte Deda veç prej uturimës së motorit, ose nga vetë pamja e skodës –, Qerimi fërkonte duart me gëzim duke thënë: Hopa, doli edhe një dyzetshe! Dyzetshja ishte buka e zezë, aq kushtonte me të vjetrat, dhe ai e blinte të zezë që kalamajtë të ngopeshin shpejt dhe me pak. Dhe pikërisht Qerimi, një ditë, në ato afrimet fatlume të Dedës, i tha këtij atë që ne nuk e prisnim: Hajde Dedë, hajde, me çorape xhami i ke dashnoret! U ndje një si thyerje, afrimitet i huaj, kafshë ekzotike, rrëqebull, me thonj të mbledhur. Por Deda ishte i pamposhtur. Tiran. I hekurt. *Ia kam dhuruar unë*, tha. *E kishim lan nji t'pallume për nji palë çorape.* Pështyu, pastaj vijoi: *E pallova dhe i çova vetëm nji çorape, demek e kisha harru tjetrën pa e marr'.* Dhe na shkeli syrin gjithë kuptim ne të tjerëve që e dëgjonim si ndjekësit predikuesin. Bota ishte e ndërlikuar, na u deshën disa minuta të kuptonim ç'donte të thoshte Deda me atë shkelje syri, të cilën bëmë sikur e kuptuam menjëherë, respekti për Dedën na u shumëfishua, ndërsa Qerimi vazhdonte ta shikonte në mënyrë pyetëse-buzëqeshëse-nderuese duke pritur sqarim plotësues për punën e çorapes së harruar.

Gruaja nga kabina po vështronte si gjithnjë me përbuzje fushën me tulla, por tani miti i saj kishte rënë. Çorapet e xhamit ishin kapur e gërricur në anët e ashpra të shumë tjegullave, nga ato që na i kishin zhvoshkur gishtat tregues prej kohësh e na i kishin vrazhdësuar aq sa ngulnim për qejf gjilpëra me kokë në mollëza si në jastëkët e veckël të mamave tona, dhe gjilpërat rrinin për bukuri të ngulura. Çorapet e xhamit mund të mbulonin tani shumëçka, por vetëm kofshë pasionante këlthitëse prej kurve të paarritshme nuk mbulonin më.

Kur mbaruam së ngarkuari edhe rimorkjon, pritëm Xhodën fytyrëkuq nga alkooli të numëronte tullat. Deda u afrua me cigaren që digjej ftohtë. U hapëm vetiu në formë amfiteatri. Deda nuk mungoi të hidhte vështrimin botor mbi ne, dhe na pyeti: *Kush asht qejfi ma i madh n'kyt bot, burra?*, gjithë duke shpërndarë tymin e duhanit njëtrajtësisht mbi kokat tona. Ai tym mbante erë më të mirë se ai i cigareve me myk që pinim ne. Qerimi u bë gati dy herë të përgjigjej, por u bë pishman të dyja herët. Me një buzëqeshje që vriste butë cepat zbardhur me pështymë të buzëve. *Kur qi pidh?*, tha Niku, i cili ishte gjimnazist në stazh. Në prani të Dedës fjalët e ndyra ishin gati të detyruara, të vetëkuptueshme, prej vetiu, të këshillueshme prej doktorit Hamdi Sulçebeu. Mundësisht shoqëruar me të pështyrë qëndrim-mbajtëse dhe botëkuptimore, edhe kur s'të vinte të pështyje. *Jo, jo,* i tha Deda prerë. *S'asht ajo. Kur ha një qengj të pjekur,* tha pas buzëqeshjes së tretë Qerimi. *Jo mar burr,* i tha Deda me vendosmëri. *Kur bën pare në bixhoz? Jo, jo...*

Natyrisht nuk mund ta gjenim. Ishte e kotë. Erdhi Xhoda që numëroi tullat pa i parë fare. Ishte i mërzitur. Kishte pirë konjak me pulë, i detyruar, sepse rakia i kishte mbaruar. Ishte gati të zihej me çdokënd. Deda i dha një cigare që Xhoda e mori sikur po e dënonin. Me sakrificë. U këmbyen fletët e marrjes në dorëzim të ngarkesës mes ankimesh të mirinformuara, kompetencë gjithëpërfshirëse dhe fjalësh të ndyra. Ne rrinim si të mpirë, ishim një klasë më poshtë se Xhoda dhe shumë klasë më poshtë se Deda, i cili pas pak do të hipte në kabinë, do të fuste marshet për t'u nisur dhe me siguri do ta kapte "për shalësh" atë femrën pas xhamit me çorape xhami. Dhe vërtet, u nis të hipte në kabinë. Qerimi na befasoi sërisht. Nuk na the, çfarë ishte qejfi më i madh, o Dedë?, arriti t'i thoshte. Deda u ndal, u kthye nga ne, me begenisjen e fundit prej mentori shpirtmadh. *Qejfi ma i madh asht kur dhitesh,* tha. Fjalët ranë të rënda si pendë korbi pas krismës së gjahtarit. Moskuptimi ynë nuk ishte gjë e re, e re ishte mëshira që Deda po tregonte për ne. Sepse, në vend që të kthente krahët e të na linte aty të shushatur në moskuptimin tonë të mjerë, na sqaroi: *Ma mir pesë vetë n'kurriz, sesa nji mut n'byth, thotë italjani!*

Kjo qartësoi gjithçka. Dera e kabinës u përplas përmbyllëse. The End. Pas kësaj duhej të frynte me patjetër erë fishkëllyese. Ne ndenjëm të ngrirë e përcjellës me sy. Skoda u nis rëndë, por jo nga tullat që i kishim ngarkuar. Kur ajo na u zhduk nga sytë, përpara u ndeh përsëri fusha e pikëlluar prej Shqipërie të Mesme, me shi dhe baltë argjile, ku ne, në mungesë të qytetërimit, dialektit geg dhe Shkodrës italiane (*ça po din?*), kishim bërë lirshmërisht, me garanci italiane e pa ditur gjë, kulmet e qejfit.

NJË TULLË TJETËR NË MUR

E ftohta e mëngjesit na bën të mblidhemi shuk, t'i tregojmë thëllimës sa më pak lëkurë. Rrimë aty ku era s'kap, mbështetur pas stivës së tullave duke kursyer lëvizjet. Jemi të parët. Sa më larg shtëpinë, aq më herët në punë. Punëtorët që banojnë në fshatrat përreth do të mbërrijnë në këmbë, pas një ore. Asnjë makinë s'vjen kaq herët për ngarkim, xhan-xhin. Autobuzi i mëngjesit ka ikur dhe fusha duket krejt e shkretë.

Një erë e athët qullet mbi qiellëz. Kanë hapur tunelet e pjekjes. Dëgjohen zhurma, është brigada e transportit, bëhen gati të sjellin tullat e sapopjekura në fushë. Karrot e tyre ngjajnë si karro lufte, ngaqë ata i tërheqin ato mbrehur si kuajt.

Bëjmë ca lëvizje për t'u ngrohür. Tek tunelet nuk shkohet dot nga ajo era e keqe e qymyrit të padjegur mirë. Tani mbase edhe do të punonim me qejf për t'u ngrohur një çikë - e vetmja orë e ditës. Kjo thuhet duke hukatur duart. Temi po do të thotë diçka interesante. E kuptoj nga gjuha e trupit para se të flasë. E thotë: "Prandaj sa më në veri të shkosh, aq më punëtorë bëhen njerëzit." Temin e kanë përjashtuar nga shkolla. Emri i vërtetë i tij është Et'hem, por nuk dëshiron kurrsesi ta thërrasësh ashtu. Ai mburret me dy gjëra: se vëllai tij, kamarier tek Vollga, ka qenë trajner boksi i Shik Stërmasit, dhe se ka pasur dashnore njërën nga ato dy bjondet motra cicëmëdha të Shkozës, atë të voglën. Unë dua t'i besoj. Ndihem më mirë kur i besoj. Fred krimineli, një tel gjithë kocka që gjithnjë mban lloj-lloj thikash e zinxhirësh, nuk e beson. As për Shikun, as për bjonden. Fredi nuk beson asgjë. Kurse "Gjaku", ngelësi tjetër me të cilin vijmë nga Tirana, nuk merret vesh kurrë çfarë beson dhe çfarë nuk beson. Ne bëhemi bashkë në autobuzin e Tiranës, ku përdorim të njëjtën pullë aboneje, të cilën ia përcjellim mjeshtërisht njëri-tjetrit pa na diktuar faturinot, dhe po ashtu bëjmë një skuadër ngarkim-shkarkimi. Kur dikush nga ne mungon, atë e zëvendëson Qerimi. Një tjetër që vjen nga Tirana, por që nuk përzihet me njeri, as me ne, është Beni. Benin sepse e shikojnë me drojë dhe i shmangen.

Temit i pëlqen kur ne heshtim pasi ai ka thënë ndonjë gjë me vlerë, si ajo puna e Veriut. Por Fred krimineli kujtohet dhe kundërshton: "Po po, malokët janë punëtorë të mëdhenj, nuk e shef? Pfff..." Kërcej ndërkaq pupthi për t'u ngrohur, por kjo bën më keq pasi lëkura cek në pjesë të ftohta rrobash. "Po thosha për suedez't, mer loqe, po aq merr vesh ti", i kthehet Temi. Hunda i është skuqur dhe duket si e lagët. Kjo domethënë që nuk është mirë të bësh sherr me Temin. Por Fredi nuk jepet: "Si bën, sikur e njeh Suedinë me pëllëmbë. Ky që s'ka shkuar as gjer në Laç jo."

Kërkëllin një karro që afrohet. Është ai që punon për vitin 2000, "Dymijëshi". Më ngjan si Hektori në një film me Helenën e Trojës që e kam parë njëzet herë, me shpresën që më në fund Parisi nuk do të vritet. Thonë që i ka dalë një konkurrent, është njëri me fytyrë abrashi që nuk ta mbush synë. Ai nuk na pëlqen, dhe me siguri duhet të bëjë hile në numërimet e tullave që sjell në fushë. Këtu jemi të gjithë në një mendje: jemi tifozë me Dymijëshin". Ai i stivos tullat e nxehta me regull gjerman, rrezik e ka bërë normën ndërkaq, ndërsa ne jemi ende me sklepa në sy. Pa u dëgjuar fare, sikur ta ketë ndjekur si hije, vjen konkurrenti. Karroja e tij na ngjan karakatinë; edhe mënyra sesi i kap dhe stivos tullat është e pocaqisur: i ka duart më të gjata se e zakonshmja (të kish të atillë krahë Dymijëshi" do ta quanim menjëherë Sep Majer), dhe edhe lëvizjet si prej shimpazeje. Abrashi i stivos tullat në pjesën e vet dhe ikën prapë drejt tunelit. Rrimë e shohim kush do sjellë më shumë, shikojmë se si i ndërtojnë stivat të dy, dhe forma e Dymijëshit na duket më e bukur, më e ndershme. Stivat mur janë si dy kështjella armike që po rriten. Nuk duam ta pranojmë që Dymijëshi po shfaq shenja lodhjeje. "Ec, Stive!", thotë Fredi, ndërsa Dymijëshi afrohet përsëri. E sigurt që nuk dëgjon gjë. Ai nuk sheh gjë, veç tullave të tij, të cilat i kap me lëvizje të përpikta dhe i vendos në stivën-mur, i shkrirë njësh me to, vetëm të vrarë mund ta shkulësh nga ato tulla. Thonë që bën 500 lekë të vjetra në ditë. Imagjinojmë pesëqindshen e tij ditore, magjike, njëcopet, të përskuqur me lloj-lloj kallëzash, me fjalë të çuditshme si *ligja*, *prurësit me të parë*, apo *fallsifikon*. E kuqja i shkon atij. Ndërsa konkurrenti, edhe në fitoftë (më shumë?), i merr qindshe të gjelbra, jeshil si mllefi, si uniformë oficeri. Dymijëshi ka një ngashërimë të përthithur thellë në fytyrë, ajo që e kisha marrë për zymti dhe hije të rëndë. Qortova veten për këtë zbulim. Pas një gjysmë ore ecejakesh të tilla, vihemi të krahasojmë stivat e të dyve, dhe habitemi që abrashi ka sjellë më shumë tulla. Ndihemi të tradhtuar. Beni merr një tullë të ngrohtë nga të abrashit dhe e vë mbi fundin e barkut. Nuk hukat duart si ne, por e mban aty tullën duke e ngjeshur lehtë pas vetes. "Po u ngroh ky", thotë duke dëftyer me gisht nga "dyqani", "i gjithë trupi vjen sagllam."

E provojmë edhe ne teknikën ngrohëse, por nuk jemi shumë të sigurt për rezultatet. Dielli ka nxjerrë vetullën, mbase na duket kot sikur ngroh tulla. Është një orë avdalle e ditës kjo: më kap një frikë se mos abrashi vjen dhe na hidhet për gryke pse ia morëm tullat, në fakt pse ia poshtëruam. Kur Beni e vë tullën e vet në anën e Dymijëshit, i vëmë edhe ne tonat. Fredi pështyn me një mllef që duket sikur e ka grumbulluar gjatë gjithë natës: "Tullat mu në gop, qurrs!"

Fillojnë të vijnë një nga një punëtorët nga fshatrat përreth. Zyra e brigadës nuk është hapur ende. Brigadieri Sabit vjen gjithnjë më vonë, i fundit, për punë autoriteti. Zyra është në kat të dytë të një ndërtese të vogël, kati i parë është magazinë, punëtorët rrinë nëpër shkallë dhe në ballkonin para zyrës, presin Sabitin. Mbërrin treshja e punëtorëve nga Gërdeci, të tre mbiemrin e kanë Gërdeci, në fakt punëtorët e fshatrave kanë në grup mbiemra të njëjtë, edhe në skuadra ashtu kanë qejf të punojnë, sipas lagjes ose fshatit. Dikush thërret nga ballkoni: "O Rrem', çfarë i prune grus' për 8 Mars?" Ndizet një duhan që mban erë të rëndë. Ashtu e pi Zani, roja, i cili është edhe ndihmës-vinçier. "Një mut të madh!" Rremë Gërdeci sepse tingëllon i lumtur. U-ja e tij veçanërisht ishte e hareshme dhe e gjerë. Dita, edhe pse ftohtë, duket se do të jetë normale. Atlija, vinçierja, fustan dhe pantallona, shfaqet me një erë si prej kafeje elbi. I kanë rënë dy dhëmbët e parë. Burrin e ka dorac. Vetë është "dorë". Merret me llafe. "Erdh' teoricjentja!" Zëri pas një shtylle është i Dashit. Bashkë me Gëzimin janë dy donzhuanët e qytezës, krihen dhe mbahen me kujdes. Dallojnë nga fshatarët sepse në verë këmishat i kanë ngjitur pas trupit, poliester, dhe pantallonat nuk i blejnë të gatshme në MAPO, por i qepin në privat, *me shtrat*. "Teoricentja satom!" Atlija u mëdysh, nuk u gjegj flakë për flakë. Çdo grimë vonese në përgjigje e zbeh përgjysmë forcën goditëse të saj. Mëse një herë e kam kapur veten duke gjetur përgjigje të fuqishme, por pas një ore, kur nuk bën më dobi. Si s'më erdhi atë cast, pse s'ia thashë? Një "Eeej..." si e habitur pasoi, e harkuar si dhëmb elefanti. Pastaj: "Pse qenkemi me nerva sot, s'paska punu matrapiku kshu?" Atlija vjen afër meje. Aty bëj gabimin që s'falet, i them: "Të pashë dje në Tiranë, Atlije, afër stacionit të Kombinatit." I buzëqesh: dora fatkeqe e miqësisë, gjithnjë e pambrojtur. "Më paske parë? Edhe?" E ndërkryer Atlija bëhet gjithnjë Lije. Dhëmbë qeni. "Me burrin *tim* isha!", vazhdon. S'di ç't'i them. Ajo "tim" është gozhdë që të ngul për muri. Nga brenda zë belbëzoj, por nuk e dëgjoj dot ç'po them. Filloj bindem edhe vete që ia kisha me të keq.

Situatën e zgjidh për fat Sabiti energjik, ushtarak, me autoritet të ngjeshur prej burri të shkurtër. Është nga fshatrat e Vlorës, ka ardhur e banon në një shtëpi pranë fabrikës; është "kollovar". Nuk harrojnë kurrë pa e thënë këtë emër, kur ai nuk është aty. Aq shumë e thonë, saqë e shkurtuan në "kollo". Siç thonë "gollo" për golloborðas. "Kollovar" tingëllon si dylber dhe kodosh. Nuk më ka pëlqyer kurrë si fjalë. *Është "sistemuar" mirë.* Disa fjalë më mirë të mos shpikeshin. Edhe sikur burrat që banonin në shtëpitë e grave të mbeteshin pa emër. Ai ngjit shkallët dhe hap derën e zyrës së vet.

Beni është larguar ndërkaq vjedhurazi. Nuk do që të ngarkojë ato skodat e thata me rimorkio që erdhën si krimba druri. Ka siguruar diçka me më shumë lekë: dy kosha të mëdhenj për t'u mbushur me cap. Nuk kuptoj ku e mori vesh, ai me ne ishte gjithë kohën! Koshat i merr vinçi i Atlijes dhe i ngarkon në vagona treni. E shoh që punon rëndshëm, i mbush dy koshat aq shpejt sa s'të beson kush t'ia tregosh. Beni ka bërë deri tani 114 lekë të vjetra, të tjerët 40, unë dhe skuadra ime s'kemi bërë asnjë lek. Kalon Besim Alvora nga Vora dhe hedh një shikim prej qeni vetullverdhë: *A t'rrofsha bythën, o Ben Fejza!*

Beni nuk flet fare. E shikon drejt e sy, por nuk flet. Besimi lëshon një "ah-ah-ah", që nuk merret vesh në është e gëzuar apo kërcënuese. Beni e shoqëron me sy: e sigurt që është gati për sherr! As ai nuk ka shkuar në gjimnaz. Mbase nuk ia thotë për shkollë. "Duhet të kujdesem edhe për vëllain e vogël", tha një ditë. Mesa duket prindërit i kanë vdekur, mendova. Kjo e bën të ngjajë më i madh se ç'është. "Sa kanë që kanë vdekur", e pyeta një herë tjetër kur nuk kisha gjë më të mirë për të thënë. "Nuk kanë vdekur", tha ngadalë. "Janë në burg. I kapën se donin të arratiseshin." Aty m'u duk sikur e dija këtë prej kohësh. "Im atë ishte trajner mundjeje", vazhdoi Beni. Ai më ka stërvitur. Nuk dija ç'të thosha. "Ku i kapën?", pyeta kot më kot. "Në Dibër...", tha. "Shiko, po të duash mos rri me mua, mos të prish punë për të drejtën e studimit."

Mbërrin një skodë me rimorkio, është radha e skuadrës sime, por Fredit nuk i punohet, thotë po iki në banjo se s'e mbaj dot, ai është gati të rrijë gjithë ditën në një kapsllëk të shtirë pa fund në banjot e pista të fabrikës, vetëm të mos ngarkojë atë karroceri gërdallë me tuba drenazhi, dhe habitem, pasi ajo puna e banjos më duket më e vështirë. Skuadra pas nesh me fshatarë pritës njëmbiemërsh gëzohet, ata kërcejnë gjithë shend e verë mbi karroceri. Gëzimi i tyre ka diçka seksuale. Qerimi nxin. Buka dyzetshe është e rëndë, e zezë, e fortë, plumb. E plakur. Nga Kolonja. Mezi arrihet. Mezi ngarkohet.

A më ndihmon për një makinë me tjegulla?, pyet Beni. Vjen pas 15 minutash, kemi një 200 lekësh nga i zoti po t'ia ngarkojmë mirë e pa të thyera. Ti ke pesëdhjetë. Si thua? Mirë, i them. Nuk e kuptoj ku e mori vesh që vjen një skodë për tjegulla! Unë s'do mundja dot kurrë! Ngre tjegullat nga stiva e fushës te karroceria, ndërsa Beni i stivon. Rreshtin e sipërm e vë të rrallë, që kur t'i numërojë Sabiti ose Xhoda, të dalin më pak. Aty del dhe 200 lekëshi. Kaq e kuptoj. Pas dy orësh kemi mbaruar. Shoh Benin tek i merr dy qindshet atij që po blen tjegullat e që me siguri po ndërton shtëpi: burrë i përpjekur, i gjallë, i çalltisur, u bie punëve pas një më një, "dorovit" shoferin, dhe ky pastaj e rregullon që tjegullat të jenë të mira dhe pa hile… Më dhemb koka ndërsa e mendoj këtë gjë, kam vënë re që koka nuk më bindet kur e detyroj të mendojë gjëra kaq të mërzitshme, e pamundur të mos mendoj blerësin që qeras shoferin dhe Xhodën ose Sabitin numërues tek klubi i fabrikës, ku ka vetëm byrekë të ftohtë me spinaq. Xhoda ose Sabiti bëjnë sikur e kanë shumë të vështirë, gati të pamundur, gjithçka, çfarëdoqoftë, fytyrën e kanë të vulosur me pamundësi qysh në fillim, *si fund pesëmbëdhjetëditëshi*, thotë Temi, por ajo shprehje pamundësie dhe halli përkthehet në një fërnet kandisës tek klubi i fabrikës me ato tryezat për në këmbë që ngjajnë me brekë të palara ose barqe hardhucash të vrara, mërzia e përhershme e fërnetit të pirë me byrek... Po e bëj vetëm për ty, mos më pyet pse, ja më lindi në zemër dhe po i thyej rregullat, mund të më pushojnë nga puna për këtë, por edhe ty s'mund të mos të ndihmoj... Beni më jep pa folur një pesëdhjetëshe. Hera e parë që fitoj lekë kësisoji. Kam një pesëdhjetëshe të ndryshme në dorë, të çuditshme, molepsëse, me ato lekë nuk blihet dyzetshja e rëndë e Qerimit, por mund të luhet bixhoz, ose... ose... aty kujtoj vërtet kundër dëshirës Tukun "e pupuliteve", me flokë të prera asisoji që fytyra i del si dhelpër, e cila thonë se shkon me pare. Po futesha në klubin e burrave. Ndjeva një ashpërsim të menjëhershëm të mustaqeve dhe pështyva me vetëbesim. Por pa sharë. Thashë vetëm "Hej, zdajkën!", që nuk e dija ç'ish, thjesht më kujtonte një të njohur me emrin Radajka. Zdajkën pra, dhe u afrova me hap prej njeriu që ka, por dhe që di, drejt qendrës së brigadës, ku Dashi me Gëzimin po grindeshin me Temin për Zdravkon dhe Lepa Brenën. Dashi me Gëzimin thoshin që ata të dy "e kanë bërë sa herë", ndërsa Temi mosbesues donte prova. Ku e di ti që e kanë...? Kjo i acaronte shumë dy të tjerët, të cilët për provë kishin vetëm zërin e tyre që ngrihej në sokëllimë e kjo dëgjohej pas çdo here gjithnjë e më larg: "Ku e di, thotë! Po e ka, o pra, ku e di, thotë... S'do ti tashti!"

DITË LËVERESH

Nuk pritej, por ndodhi: Refiku u nda nga e fejuara, Qamilja. Pëshpërima në lagje u përhap të martën dhe u përforcua besueshëm të enjten nga Symja dhe Xhirja, që kishin, pavarësisht nga njëra-tjetra, informacione të brendshme. Të dielën që pasoi, ai nuk erdhi si zakonisht për vizitë tek e fejuara. Ndarja u bë kështu më e sigurt se teorema e Pitagorës. Në hatullat e shtëpisë së vajzës ndarja po rëndonte qysh tani me peshë të padurueshme, shumëfishuar nga shikimet tejet kureshtare të gjindjes, sikur në atë shtëpi të strehohej ndonjë UFO. Nga pesha, muret e shtëpisë sikur po shkonin skiç dhe plasaritje të tjera u dukën në suvanë e vjetër. Si nuk i kishin parë gjindja ato plasa interesante më përpara? Qamile, si?! Shumë u hamendësua mbi arsyen e ndarjes: u përfol mbi një lidhje të hershme të saj me një student (këta ishin vetëm për bela, me ato dosjet nëpër duar, ku fshihnin me siguri letra dashurie e të tjera herezi joshëse). Më tepër se lidhje, ajo ishte hipotezë, hamendje e mbarsur me tipin e dytë të gabimit, pra që ajo nuk kishte pasur as lidhje, as gjë, dhe ndërkaq njerëzia kujtonin se kishte patur. Tipi tjetër i gabimit, ai që Qamilja e kishte në fakt një lidhje dhe njerëzit kujtonin se s'kishte, ndodhte rrallë, shumë rrallë. Se njerëzit gjithnjë kujtonin. Që kishte, natyrisht. Sipas besëlidhjeve logjike tym-zjarr dhe zë-gjë. U hamendësua gjithashtu që Refiku nuk ishte i aftë "të bënte detyrat e shtëpisë", tobestrakfullah. Gjuhëhidhur do të ketë gjithnjë. Siç ka gardhi vrima. Po kështu u dyshua seriozisht në magjinë, që plaka shtrigë e lagjes, Nafija e Mumajesëve, i kishte bërë çiftit për arsyen e thjeshtë se nuk e kishin ftuar në ceremoninë e fejesës. I pafalshëm ai gabim! Nafija "kishte sy" dhe dinte marifete. Një here, vajti dhe "lidhi" atë djalin e botës për pesë muaj me radhë, goxha djalë, dy metra i gjatë. S'dihet pse ua bëri ashtu, por "e lidhi" atë botin që sapo u martua dhe atij s'i bëhej fare me të shoqen në krevat. Si binin, ashtu çoheshin. Mbeti nusja si ai peshqeshi harruar në kuti, që s'i heqin as ambalazhin jo. Nuk bënte përpjetë ajo punë hiç. Ç'nuk u përpoqën atëherë familja e djalit, por dhe e çupës, me një magjistar në fshatin Gosë të Kavajës, që "ta zgjidhnin" djalin. S'u bë gjë, derisa i vajtën Nafijes në derë, me dhurata, aman moj, zgjidhe këtë punë, s'kemi pasur gjë me të keq, po gabime edhe ndodhin, po keqkuptime edhe lindin... nuk se..., se po të ishte... por jo... aman, vër dorën në zemër... mend për tjetër herë..., dhe e kandisën në fund. Mirë, u tha Nafija dhe e zgjidhi punën tak-fak. Si e bëri ajo e di, por ama i biri i botës, i zgjidhur mu si ai qeni nga zinxhiri, apo si ata demat e Spanjës që thonë, i kërceu së shoqes e ashtu u gdhi, majë nuses, e cila po thoshte ku paskam qenë deri tani. Mbase teprim qe edhe kjo, por kur ka muaj që s'pipëtin as gjethja, edhe era më e zakonshme të bëhet furtunë e stuhi, edhe kocomiu të duket ezhdërha.

Doli që as Nafija nuk kishte gisht, domethënë sy, në atë punë. Na ishte tjetër gjë, mospërputhje karakteresh thanë, Zot na ruaj, s'di njeriu ç'do t'i dëgjojnë veshët. Veglat në vend, naftë sa të duash, e makina s'bën tutje. Se s'është në qejf shoferi. Apo se s'kanë qejf sehiri udhëtarët. Allahu na ruajt, ore! Po ç'karakter, a vulëhumbur, po jepi or, drejtim, futu një herë në Stamboll, shih Bosforin, shih si puqen e ndahen kontinentet, hyr mes tyre, bjeri Fener-bahçesë mes për mes, sulltan e shkuar sulltanit, me topat që gjëmojnë e gjindjen që gëzon, e pastaj shiko në bën ndonjë fajde karakteri apo jo, që u kara-kterofshi e u kara-sikterofshi e u nxifshi me bojë.... E justifikonin Refikun. Djalë me botë ai, thanë. I rregullt. Njihte aktorë francezë dhe italianë të kinemasë, me emër, si dhe një Elvis Presli a Pelvis Resli. Në fakt sqimatar ishte. Pasi rruhej dhe e bënte faqen *llaps* me "Astra", brisqe që thoshin se vinin nga Çekia, dhe që Refiku nuk i përdorte më shumë se dy herë, se helbete, ç'po themi? Ai hidhte atë kolonjën e fortë "Fllad", që ta ftohte fytyrën si mëngjes pranvere. Kjo ishte kolonjë e NISH Profarmës, Locion pas-rroje i thoshin, dhe atij ia sillte një mik nga Kukësi, ku mund ta gjeje "Flladin" në çdo kinkaleri, pa mik fare, pasi atje duket nuk e blinte njeri. Djalë me kërkesa, Refiku. Kishte ardhur të dielën si zakonisht, ishin vetëm për vetëm me Qamilen, dhe thuhej sikur ai kish thënë, sa për të hapur bisedë, siç bëhet gjithnjë, diçka për motin: "Ditë e bukur, sot", kish thënë. Dhe atëherë ajo kishte shqiptuar ato fjalët fatale, atë fjalinë-herezi, më të keqe se një pohim për lidhje me student a ku di unë në të kaluarën, më keq se gabim politik, pra Qamilja kishte miratuar: "Ëhë, shumë ditë e bukur me la lëvere", kishte thënë. Deh or hall i madh, eh or pikë e zezë, po

ç'pate moj, nga tërë llafet e dynjasë atë shkon e thua! I mbetën llafet
në grykë Refikut, as "Flladi" nuk ndihmonte, se erdh'e t'u nxeh me
ca djersë sikleti… dhe e prishi atë lidhje. Me kulturë, thonë, prishja.
Pa çak, pa bam. Pa sharje hiç. Pa mallkime. Pa lajmës e kuvend.
Thjesht në heshtje, me njerëzi, me qibarllëk. Ndarje pa lezet, me një
fjalë.

* * *

Gjithë faji ishte i *lëvereve*. Kush do t'i lante tani me ata sapunët si
tulla, kush do t'i fërkonte govatave, kush do t'i dëndte në dru
rrobat e shkumosura, kush nga ata të paktit që kishin do t'i hidhte
rrobat në lavatriçe (boheme edhe ato, si brisqet "Astra") dhe nuk
do të mendonte për një çast, sado të shkurtër, prishjen Refik-
Qamile për faj të tyre! Lagjja sikur u mpak nën terrorin e lëvereve
të së dielës. *Si flamuj të një melankolie të trishtueme.* Si kapitullime të
çdo oborri në detin e shtëpive përdhese, apo çdo ballkoni në të treja
pallatet katërkatëshe ndërtuar para ca kohësh me punë vullnetare.
Se lëveret nuk janë aq të pafajshme sa duken. Varur nëpër tela mbi
ballkone, pas avllive, anës mureve, ato pikojnë të fshehtat pa zarar
pikë-pikë në fillim, dhe mbajnë fort ato intimet nëpër kapilarët e
poret e imta, mister lagështie që avullon ngadalë nën diell vere dhe
meditim levereje, derikur mbeten të thata, pa mistere, baballëk
pambuku, sytjen, kanatjere... apo rafinim i kultivuar, najlon, poli-
estere artificiale, al-kimike, a-krilike, ordinere..., që mezi ç'presin të
ngjallen përsëri nga djersët e mundimit a të kënaqësisë, jashtëqitjet
e natës, lloj-lloj lëngjesh të trupave të pavetëdijshëm që sekretojnë
e që duket sikur nuk kanë qëllim tjetër në jetë, por vetëm si e si të
bëjnë pis ato pastërti të çelëta tekstile, t'i rimbushin me të fshehta,

me erëra aq të ndryshme nga ato të larësve dhe livandove... t'i ngrenë në status, në stadin e lartë, dialektikisht më të komplikuar të lëvereve! Sofistikim tekstili që thjeshtohet pa mëshirë nën inate *capujsh* e larësish. Dhe lëveret *mirëfilli ndiejnë tradhti.* Ndiejnë komplotin nën duar amvisash që i shtrydhin mizorisht, i godasin, mirë që s'i shqyejnë, apo që i fusin në ato centrifugat e llahtarshme mekanike, si shpikje të djallit, që t'ua nxjerrin çdo substancë, miligram informacioni, precipitim ngjarjesh, çdo njollë rrëfimtare e kumtonjëse, t'i lënë ashtu të zbardhëta e të zbërdhylëta, pa fytyrë, pa karakter, si metrazhe të shkurtra që u ka rënë të fikët, vdekje klinike më mirë, derisa të ringjallen sërisht nga frymëmarrja artificiale e trupave që i veshin, që u futen nën pala, që i shkelin, që fshihen me to a pas tyre. Se lëveret, si bari i livadheve që i korrur gjallon më tepër, të vrara nga armët kimike të pastërtisë, fërgëllojnë më shumë.

Të hënën që shkoi, plakat e lagjes u mblodhën në komisionin shqyrtues të virgjërisë së nuses së Gimit të Tabakëve. Kishte një ankth të vogël pritës nëpër oborret, si në pritjen për fillimin e një pjese të Shekspirit apo të një opere të Puçinit, ca zhurma pa lidhje prishnin qetësinë e nderur si lëvere në tel të padurimit, mu si ato akordimet e fundit të instrumenteve të orkestrës së padukshme në prag të shfaqjes, derisa u duk nusja e Gimit, që nderi çarçafin e natës së parë të martesës. Të bardhë borë!!! Një irritim e pasthirrmë e mbytur zhgënjimi u dëgjua në turmën pritëse. Gjendja u tendos edhe më keq, por u shfaqën gjithashtu edhe elementet e para të mirëkuptimit, se kjo punë është e Gimit, ai është i mençur vetë, deri sa doli Gimi vetë dora, me një ndërkryerje të lehtë, dhe pasi e pa një herë vëngër turmën pritëse, iu hakërrye: "Ç'keni që shihni kështu, ere, unë e kam bërë i pari, nji me kët' ... (këtu tha fjalën

shqeto njërrokëshe) e kam ça'! Ça doni!?" Turma pati një zbythje
të padukshme. Pastaj një si shtendosje lehtësimi. Domethënë,
ahhh... po fol, thuaje, nga do ta dinim ne..., fall nuk shtimë. Dhe
nusja e Gimit u pa me ndjenjë faji, pardonemua, na fal, na fal, na
fal që menduam ashtu. Gimi seç u tjetërsua befas, me diçka si prej
plugu, diçka fshatare, si të marrë borxh nga "Tokat e çara" të
Shollohovit.

* * *

Lëveret ishin flamuri melankolik i lagjes. Ato, nën sytë vetëtima të
djemve fantazues, tregonin më shumë gjëra se çdo beze ekrani
kinemaje. Kinemaja në fakt shfaqte vetëm filma të mërzitshëm.
Djemtë qëmtonin me sy lëveret e varura, të bardha meit, si të
dënuara me varje në tel, dhe tirrnin fijet e ditëve të tyre të
lëvershme, se tjetër intrigë nuk kishte.

- *Landa paska qenë me ato...*
- *E pra.*
- *Lumsi brekët. Umfff!*
- *Pse? Meqenëse i ka larë, i ka bërë dritë?*
- *Po, po. Tamam për atë.*
- *Gjë e pastër shumë ti... zhuls!*
- *Po kjo (Landa) i la e i tha, po pse iu ve kanatjere sipër? Pse i mbulon?*
- *E pra.*
- *Atyre se si iu thonë... seç kanë një emër... mans... mens... diçka si*
mencë...
- *Jo po restorant.*
- *Hi hi hi...*

- Nji paçe-pilaf, usta!

Kaloi Bashi.

- O profesora! Boll patë brekë, se latë nam, - tha.

- Jo po do të shofim ty. A ke cigare?

- S'kam, jo. As me lesh, as pa lesh.

- At Refijen, pra... ku ta kesh...

- Hi hi hi... bukur doli kjo.

- Po e donte, mër! Nuk ja shihni te xhepi mbrapëm si i duket.

- Vallaj, bythën e Bashit s'jam duke parë unë...

- ...

Bashi iku. S'po kalonte më njeri.

- Pse iu ve kanatjere sipër?

- I mçef, mër. Të mos i shohësh ti. Ka turp, o praaa...

- Kush turp, mër? Landa, e? Sikur s'e dimë ne....

- Ashtu duan dy vjet që të thahen.

- S'i bën gjë. Vetëm ti, sumtekelek, të mos i shohësh. Hi hi hi...

- Pse ere, çfarë kam unë? Ajo ku ta gjejë... që unë...

- Po, mër dajë, po, me atë mendje rri ti. Landës kushedi kush ia mbështjell, mër budalla! Kot mbahen brekët dritë, e? Po ti aq ke. Aq ta pret.

- Uuu... prit, po nder çarçafët Nadja.

- A ba ba ba ... çfarë këmbësh...

- I duken më të mira prej çorapeve të zeza.

- Ajo ngjan e gjitha më e mirë prej të zezave. I shkon e zeza. A?

(Nadja ishte vejushë e re.)

99

- Hë tani, më thoni ju mua, për kë i lan çarçafët kjo? Për kë i ndrron për ditë?

Pyetja zuri vend. Shtyllë metali në beton logjike.

- Kurvë, mër. Merret vesh!

GROPOVËTH

Kur Besimi mbërriti në shtëpi, mugëtira kish mbuluar fshatin. Kishte sjellë një tra në kurriz nga dy orë larg. Gomari kishte dy muaj që kishte ngordhur dhe mungesa e tij po ndihej shumë.

Fshati i tij ishte i vogël, quhej Gropovëth, ose edhe "Lagjja e malit", pjesë e kooperativës së bashkuar, qendra e së cilës ishte katër orë larg. Në Gropovëth të gjithë njerëzit kishin të njëjtin mbiemër. Sidoqoftë ishin të ndarë në dy lagje, njëra e zakonshme dhe tjetra "e kulakëve", të cilët njiheshin edhe si "kulakët e malit". Damka e kulakut iu vu qyshse një nga "ata të malit" kishte prerë një rrënjë hardhi në prag të hyrjes në kooperativë. Kjo qe marrë si provokim, si simbol që thoshte shumë, u kujtua që lufta së klasave zhvillohej me zig-zage dhe që ujët fle dhe armiku s'fle. U bë me njollë gjithë ajo lagje. Nuk u hynte e u dilte njeri. Edhe ilakatë i bënin me "të tyrit". Ja, Valentina, që e kishin fejuar para dy javësh: i dhanë një nga Kolonja, kulakë edhe ata. Valentina gëzonte sepse besonte që në çdo vend që të ikje prej Gropovëthit, më mirë do t'ishte. Në qendër të kooperativës kishin filluar vërtet të ndërtonin aty-këtu shtëpi moderne (shqiptuar gjithnjë me rr-ë të fortë), muret me tulla të Vorës, çatitë me tjegulla ose me ca trarë tjetërlloj që u thoshin "soleta", por tjegulla nuk kishte hyrë ende në Gropovëth, kurse soletat ishin jashtë çdo përfytyrimi. Si muret, edhe çatitë, ndërtoheshin me gur. E reja fikej diku aty nga Vidhi i Shemes, në mes qendrës dhe malit. Prapa Vidhit, bota nuk ndryshonte.

Besimi hyri në dhomë qull në djersë.

- Bjemëni ca ujë shpejt se u dogja, – thirri me zë të lartë që ta dëgjonte dikush. S'u përgjigj kush.

Atëherë zuri t'i thërriste me rradhë të gjithë me sa kishte në kokë.

- O Rrethimeee...! Agrooon...! Valbooonëëë...!

- Valbona ka shkuar të mbushë ujë, u bë një sahat, – thirri e shoqja nga larg. E dinte ç'kërkonte i shoqi kur kthehej në mbrëmje.

- Çfarë keni bërë deri tani! U shkërrnditët, a?

Gruaja nuk u përgjigj. E dinte që i shoqi do bënte sherr sido që të ish.

Kaluan disa minuta.

- E pruri kokën ajo?

Asnjë përgjigje.

- Pa shih mos ka mbetur ndonjë çikë dhallë…, a një çikë helm…

Asnjë përgjigje.

Diçka u thye.

Ca pula sepse u trembën.

Pas ca u dëgjua dikush që po vinte. Më në fund! Por ishte gabuar. Te dera u dha një nga djemtë, Bidoja.

- O baba, na jep pak çelësat - tha.

Djali mori "të jap një pesëshe"-n e zakonshme, me shenjën karakteristike të pëllëmbës së dorës së djathtë, e cila tek fjala "pesëshe" godiste ajrin me një tik nervor.

Djali kërkonte çelësat e dollapit ku Besimi ndrynte televizorin. Mesele e gjatë puna e televizorit. Djemtë i ishin qepur; se nga kishin parë për bela në shtëpinë e Abas Cergës një televizor me emrin "Adriatik", që po jepte një film me luftë a "me sigurim", dhe nuk i zinte më gjumi. Ditë-natë po një muhabet. Kishin mbledhur bimë mjekësore si të çmendur gjatë pushimeve verore. I shisnin në një depo grumbullimi në qytezë. Duart u qenë bërë shollë, plot me gjemba nga gjithfarë drizash e murrizash që s'arrinin më të hynin në mish, por ata s'e kishin hall. Fjala *te-le-vi-zor* i kishte magjepsur. Jeta e tyre kishte një qëllim. Nuk lanë dëllinjë e sherebelë e çaj mali në këmbë. I njihnin të gjitha bimët me një të parë. Sapo zbardhte dita "do dalim për lule" thoshin, dhe nuk kish gjë t'i mbante nëpër ato shpate e kullota e ckërka të largëta, sa të mbushnin dyzetmijëlekëshin e televizorit. E pabesueshme, por arritën dhe i bënë paratë. Ia prunë të atit edhe letrën e autorizimit për televizor në dorë, duke e mbajtur me kujdes, si të ishte ndonjë tapi e çmuar. Por Besimi nuk donte. Paraja vdiste kur binte në dorë të tij. Kishte për paranë një dashuri të ngjashme me atë të Llojko Zobarit për Radën: e donte të vdekur. Dhe vriste veten për të. Nuk kishte burrë ta kandiste. As edhe ideja që do të ishte shtëpia e parë me televizor në fshat; domethënë e para në lagjen "normale", se *ata* të tjerët s'merrnin dot një triskë fronti, pale më autorizim televizori. Ata s'do kishin televizor as në vitin 3000! As statusi i veçantë i "shtëpisë me televizor" nuk e thyente dot sindromën e "qypit të parave": ajo varrosje e Skënderbejve të kuqërremtë të kartmonedhave krijonte vetiu një vend të shenjtë. Keq e kishin punën djemtë! Po ku ka një dëshirë, ka dhe një mënyrë, që shpesh do të thotë që ka një hile. Djemtë sollën Mit'hatin që nga qyteza, që t'i thosh Besimit sikur paraja do zhvlerësohej së shpejti. Mit'hatit i shkonte llafi sepse ishte magazinier. Plus që rrinte me kollare. Ka dalë fjala që nga Tirana, tha ky. Kjo u përmend ashtu si rastësisht, andej nga mesi i muhabetit: Ç'do bësh me paratë ti Besim? A? Me paratë. Pse? Si pse? Nuk e dike ti? Paraja, thonë, do zhvlerësohet mbas ndonjë muaji. Akoma s'ka ardhur haberi këtu në Gropovëth? etj etj. Netët pa gjumë të Besimit me dilema hamletiane më në fund sollën vendimin: do ta blejmë!

Televizori u bë një lloj oxhaku në llojin e vet. Shtëpi me oxhak thoshin përpara, tani ishte "shtëpi me televizor". Kjo ishte një ngjitje marramendëse në status, edhe pse në shtëpi Besimi nuk i kishte dy gota dhe dy lugë njësoj. Por me gjëra të vogla nuk merrej njeri. Televizori ishte tjetër gjë. Ishte nishan. Ai u soll që nga qyteza ngarkuar mbi gomarin që në atë kohë rronte ende. Me kujdes, si të ishte ajo arka-sëndyq e florinjtë që thonë librat e shenjtë. U vu në mes të dhomës. Fëmijët kishin qarë nga gëzimi, e kishin puthur, e kishin vënë në prizë. Kishin luajtur një çelës grrap-grrup, derisa në fund kishte dalë një figurë që fliste gjuhë të huaj. Kushedi se ç'thosh, por ata u mahnitën, ata u ngulën ta dëgjonin.

Ideja që dyzet mijë lekë mund të thyheshin, të zhbëheshin, të prisheshin brenda sekondës, e tmerroi Besimin. Televizorit i bëri një dollap dhe çelësin e mbante vetë. Me një gjalm aty ku normalisht duhej të ish pistoleta. Kur djemtë ishin përpjekur të hapnin fshehurazi drynin "Tutius", me një çelës të poshtër siç kish emrin, "kopil", ai kishte vënë edhe një dryn të dytë dhe ashtu kishte zënë karar ajo punë. Televizori hapej dhe mbyllej me orar. Ai kushtonte sa dy mijë vajtje në kinema të qytezës, gjashtë orë larg kjo me ecje Besimi, apo sa njëmijë ditë pune në kooperativë, që ishin tre vjet! Televizor, për inat të Besimit dhe dy muaj pas tij, bleu edhe Veizi i baxhos, në një fshat të rangut të Gropovëthit, nja tre orë larg. Veizi hapi fjalë sikur rimesoja e televizorit të tij ishte ku e ku më e mirë se ajo e Besimit. Edhe ai e kyçi televizorin si një robinjë të bukur. Për ta mbrojtur nga pluhuri, i porositën edhe një këllëf, me të cilin e mbulonin brenda dollapit ruajtës. Ia vinin atë këllëf si perçe mbi fytyrën e gruas. Pjesën që mbulonte ekranin e qëndisën me fije si ar duke sajuar fjalën "SuperVeiz". Idenë e kish sjellë djali i madh që ish i dalë, kish bërë ushtrinë andej nga Sukthi, dinte ç'ish bota.

Më në fund Valbona erdhi nga burimi. Dëshira për sherr sikur u fashit. Djalit iu dhanë dy çelësat pa folur, por me një zemërim autoritar gjithsesi. Zemërimi pa shkak është autoritet, vetullat e ngrysura garanci respekti; djemtë shikonin televizorin me një ndjenjë të përhershme lumturie fajtore. Faji të lumtur.

Besimit po i mbylleshin sytë. Trari që solli i kishte vrarë keq supin e djathtë. Pak qepë dhe kripë, mendoi. Nuk ishte as në gjumë, as zgjuar, kur dera trokiti përsëri. Ishte Ilmiu. Bënin pjesë në një organizatë bazë të dy. Merrej vesh që do thosh diçka me rëndësi, por nuk dukej si vdekje a vaki. Kundër dëshirës nëpër mend i vetëtinë gjithë arsyet e mundshme: borxh, probleme me gruan, vajza e vogël mbetur shtatzanë, e madhja përzënë nga burri, ndonjë hasmëri e vjetër ose e re, ndonjë dyshim për "ata të malit" (ndonjë orvatje për krushqi(!) vetëm në mendim, në dëshirë "me ata të malit", se të rinjtë vetëm për proçka janë, oreee… venë e zbrazin koburen në hi), sherr gjitonësh, hatërmbetje nga fjalë të thëna pa qëllim, dikur, diku, sëmundje pa shërim e zbuluar së fundmi (amanet familjen, fëmijët, vajzën e vogël që ishte bërë në moshë dhe që duhej "nxjerrë"), arratisje jashtë shtetit të ndonjë kushëriri nga ata që jetonin në qytet, se ata të qytetit vetëm për proçka janë, oreee... prishje mos-o-zot e biografisë, zbutje e luftës së klasave, pirje për shëndetin e ndonjë të deklasuari nën avuj rakie në ndonjë zijafet, përshëndetje në rrugë me "ata të malit"... Eh, s'ka fund e keqja.

Por Ilmiu nuk po fliste. Besimi kuptoi. Shko nga dhoma tjetër ti, i tha Valbonës që po bubrronte rreth e rrotull. Vajza doli. Atëherë Ilmiu e nxori ç'kish në zemër: Thonë që dy Gjermanitë do bashkohen!

Besimi e pa Ilmiun drejt në sy; me shikim burri që kupton rëndësinë e çastit, seriozitetin gjeopolitik. Pasoi një heshtje dyminutëshe. Një erë urine bagëtish hyri si shkulm amoniaku nga dritarja që nuk mbyllej dot mirë. Lajmi po mbllaçitej ngadalë, koncentrat blegtorie mes dhëmballëve ripërtypëse, krrap-krrup, Gjermania... dëmshpërblimet e luftës, luftës, luftën, shkërrap-shkarrëp... i shumënderuari shtab i përgjithshëm, brigada e parë, Meh... eh... ehm... (kollë e thatë), niks kaput, prej luftës, o luftë, përç bagëtie dhe belxhik, qëllo të lumtë dora, o Fritz, or pension *invaliditeti*... njëmijëleksh i luftës... luftës, luftën... krrup-krrap! Ishte një bluarje dhe mbllaçitje e vështirë. Ngjiste e ngecej në qiellzën e tharë si gurabije e ndenjur, "ingranazh ushtari"...

Gjermania?! Mos more! Asnjë nga burrat nuk e tha këtë drejtpërdrejt, por reja e tymit të duhanit që mbushi dhomën atë dëftente, një "mos more!" nikotine kanceri. Qederi i duhanit vendas grirë trashë me çakije zverdhonte mbi një përshtatje perdeje të palarë, e cila rrinte mbi dritare si një paruke e vënë keq.

Ngjarjet në botën e madhe prej kohësh kishin marrë formën e Ilmiut në hyrje, me atë merakun solemn, që dukej sikur ia rraste edhe më kasketën e përhershme. Tak-tak-tak, kërciste dera. Nëpër vite dhe stinë. Ka dalë "një grup" në kulturë. Fjala "armiqësor" për grupin herë thuhej e herë jo, aq e qartë ishte armiqësia. Ka dalë një grup armiqësor. Emrat thuheshin nën zë. Nën atë si hukatje emri, funksionari i lartë që doli armik merrte një ngarkesë të ligë dhe shëmtim. Emri bëhej sakaq ogurzi. "Fadil" tingëllonte si formulë shtrigu. Në shoqërim me mbiemrin, bëhej helm. Fadil dhe Paçram ishin ngjizur nga natyra të prodhonin së bashku tradhti, komplot, reaksion. Të shkumëzonin, njëri si acid, tjetri si gëlqere.

I njëjti harbim çmendte fjalët. Ilmiu binte fjalë të vështira. Si atëherë, me emrin e padëgjuar "puçist". Më e afërta ishte "pulisht", por për pulishtët thonë janë të bukur sa janë të tillë, ata vetëm më vonë e prishin, kurse puçistët e kishin prishur e dhjerë meselenë keq, po shumë keq, ndërkaq. Kjo duhej të ishte ndonjë fjalë sterrë-e-katran, por Besimi nuk pyeste kurrë. Siç nuk kish pyetur as për "i deklasuar", "liberal", "demaskim" apo "rraksjonar". Fjalët edhe ashtu, pa ua ditur domethënien, tingëllonin të rënda plumb (si pushkatimet që vijonin pothuaj në çdo rast), sidomos në mbedhjet me turrje e ndërkryerje fshatçe. Do-t'e shohëm punën tënde monarkofashiste, Sulo Abazi! Gjidi anarkosindikalist! Diskutoni shokë, me shpirt të pastër revolucionar.

Kur tjetrin e shan me fjalë që nuk ua di kuptimin, urrejtjes i shton sytë e sikurit. Ajo shijon ndryshe, si ca haje industriale nga Durrësi a Tirana. Pacifist! Trockist! *Karamele Zana/ vijnë nga Tirana.*

Poliagjent! Emri Beqir për shembull, u bë natyrshëm shumë i keq; atë çka niste b-ëja me e-në, e vuloste përfundimisht ajo q-ëja, i-ja dhe r-ëja që vinin pas. Dhe, sado i bukur emri Petrit, si për ta patur dhëndër, kur i vihej "Dume" nga pas, bëhej hata, që as në lagje të mos e kishe jo.

Një trokitje tjetër kishte sjellë diçka nga bota e madhe, Maoja... luaj vendit...

Maoja, ishte një "kokërr revizionisti" që s'ke ide, - kaq kumtoi Ilmiu, që edhe atij aq do t'i kishin thënë. Ilmiu bënte sikur dinte më shumë, por i mbante përbrenda. Besimit i thoshte aq sa duhej. Kanë shkallë gjërat. Përdëllimit të të qenit "i brendshëm", i bashkëngjitej edhe disiplina. Rregulli. Sëra. Nofullat e Ilmiut bëheshin më drejtkëndore, fjalitë më të vendosura, shpesh mbaronin me "ashtu", ose me "kaq për këtë". Pasmuzgu politik me Ilmiun konfidencial, me zërin e ulët prej rrethi të ngushtë, që dëftente përkatësi në grupin e besuar, që gjërat i merrte vesh një javë para se të dilnin në gazetë, prodhonte lumturi të planifikuar dhe jetë të përmbushur për një pesëvjeçar. Bashkë me mundimin që e shoqëronte atë lumturi, sepse gjithnjë kërkohej një shndërrim rishtazi i trurit, veshëve, antenave. Shndërrohej goja, e cila duhej të tashmë të përftonte fjalë të liga, sa të ish e mundur më shumë, aq më mirë, për Maon. Dhëmballët qendërzoheshin ndryshe, lëviznin rrënjët me një ortodonci të re, ç'kish qenë e shtrembër bëhej e drejtë dhe anasjelltas, gjuha rrëzonte lëkurën si gjarpëri, në zgavrën e gojës mbinin stalagmite të reja, një Zot e dinte ç'ndodhte saktësisht në organin e të folurit, që brenda ditës të formulonte rrjedhshëm fjalë të pamendueshme, pale më të shqiptueshme deri dje, nga të cilat mund të të shkatërrohej jeta familiarisht. Pas gjithë kësaj, Mao Ce Dun ishte gati të tingëllonte po aq keq sa Çang Kai

Shek! Dhe kurrë aq bukur sa Ho Shi Ming. Çka në të vërtetë, ishte edhe çështje veshi. Ama kur torturoje veten duke dëgjuar opera e balete me vajza që thinjen brenda natës, e duke bërë sikur të pëlqyen e të mahnitën fare, nuk vjen në pyetje një aq gjë e vogël, sa habija për stërtradhtitë që ishin ruajtur vetëm për Shqipërinë. Veshi përshtatet më lehtë se gjuha, e shtir më kollaj mahnitjen. Si një grua që shumë më kollaj se burri... Për Mehmet Shehun kjo kishte qenë sidoqoftë tejet e vështirë, pasi asnjë tertip nuk mund të kryente aq shpejt, brenda ditës, ndërrimin e pllakës në gramafonët e trurit. Evolucioni që thoshin, s'pinte ujë. Mbase ajo teoria e katastrofave... Ngërçin e të folurit e mbushnin ca llagape zëvendësuese, siç gjembat mbushin një djerrinë: "ai maskaraja që vrau veten", "ai haleja që ia hoqi vetes". Thjesht nga frika se mos, duke thënë fjalën Mehmet, reflekset e vjetra shtriqnin pa dashur muskujt e respektit dhe admirimit në fytyrë, zhvilluar mirë nga ushtrimi aq i shpeshtë, si në një palestër servilizmi. Se nuk ka vetëm ndërtim të trupit. Ai i fytyrës është edhe më i vështirë. Ka muskuj tjetërlloj fytyra. Muskujt më të pabesë, që "nuk vihen në xhept". Çdo muskul tjetër kapet pas eshtrave nga dy anët, me kokë e me këmbë, si çdo gjë në këtë dynja, ndërsa vetëm ata, të fytyrës, kapen vetëm më nj'anë, me kafkën, kurse nga tjetra anë valëviten shprehjeve pa fund e mund që të bëjnë, prite Zot, gjëmën. Të tradhtojnë. Ka mimikë të zhvilluar, thonë për ndonjë karagjoz. Mimikëzeza! Po kur fytyra, pa dashur ti fare, të nxjerr përjashta ndonjë hije admirimi për atë, "maskaranë që vrau veten", ç'do bësh pastaj? Se që do e shohë atë gjë një hafije aty rrotull, ajo është e sigurt. Më mirë pra, ashtu drejt, pa rreziqe e ndërdyshje: "ai maskaraja!", "ai haleja!". Fjala e merr për dore fytyrën, nuk e le të harbojë, e kujton aty nga rrokja e dytë, qameti tek e treta, që përdëllimin lere e harroje, si mushka Valarenë.

Po! Maoja, ishte një "kokërr revizionisti" që s'ke ide... Për Maon flitej sikur ta kish shtëpinë nga fshati karshi dhe s'kish kthyer një gjysmë kile mielli borxh. E kishte një arsye për këtë. Si edhe për Mehmetin. Për vite me radhë ky i fundit kishte qenë krenaria e ligjshme e qendrës pas Vidhit të Shemes, fshatar nderi si me thënë, pasi aty kish bërë shkollën fillore. Kur doli armik, ajo puna e fillores kryeministrore u harrua dhe u kujtua shpejt e shpejt se po në të njëjtën shtëpi të qendrës, në shtëpinë e beut, kishte fjetur gjatë luftës një natë Enver Hoxha. U përjetësua me një pllakë mermeri ajo fjetje, nga ato që fillonin me fjalët "Këtu, në këtë shtëpi...".

Ndërsa afërsia me Maon ishte tjetër gjë, as vizitë, as bujtje, as fillore tek shtëpi e beut; ishte një dhuratë që Enver Hoxha donte t'i bënte heroit të verbër lokal me prirje për kombëtar, Fuat Çelës. Bash atëherë kur çdo kulm lavdie dukej sikur ishte arritur, erdhi haberi: Enveri do t'i bënte dhuratë një radio dore. Jo një dosido, por një radio që edhe ai vetë e kish dhuratë: nga Maoja! Për të zhdukur çdo keqkuptim diplomatik me Kinën, një njoftim-kërkesë zyrtare për dhurim dhurate i ishte bërë Maos. Ky thuhej sikur kish pranuar me zemërgjerësi, për Fuatin nuk diskutohet, kishte thënë. Një radio dore nga dy luanët e kontinenteve përkatës është diçka që nuk ndodh përditë. As kur Fuati goditi tri herë dhjetën në qitje, as kur kishte mbaruar për tërë natën librin "Lej Fëng, bir i mirë i popullit punonjës", nuk ishte bërë aq bujë.

Mos more! Gjermania?! Kjo puna e bashkimit duhej të ish veçanërisht diçka e keqe. Sepse Ilmiu nuk po thoshte gjë tjetër.

Gjermania, edhe më keq se Kina, kishte trazuar shpirtra në Gropovëth. Kur para ca kohësh ishte dhënë nga lart direktiva për hartimin e historikëve të fshatrave, si ndihmuese të Partisë në edukimin e masave, kacafytjet më të mëdha midis veteranëve të Gropovëthit, shumica ardhur nga qytetet e mëdha, ishin pikërisht mbi atë periudhë, "të gjermanit". Veteranët e kishin lënë prej kohe Gropovëthin, ishin qytetarizuar po të gjykoje nga lëkurët e tyre si kartë cingari, apo nga ata parakrahët e hollë, apo nga borsalinat që nuk i hiqnin kurrë.

Bënin si bënin e vinin deri në qytezë, pastaj me ndonjë "Skodë"- po të kishin fat- deri në qendër, e për Gropovëth vetëm hajvanët bënin punë. Por me mungesën e rrugës ishin pajtuar prej kohe. Gropovëthi nuk do ishte Gropovëth po të kishte rrugë. Ardhja aty duhej e mundimshme, të tregonte sakrificë, shiko sa vuajmë ne për ju… Po, po, rrofshi, ju paçim... Me se e bëtë rrugën Arif? Si erdhe Taip? Të lumshin këmbët Iljas! Të të ndërrojmë kanatjeren, se është bërë ujë, mos ftohesh. E vështirë rruga për këtu... Kjo e fundit thuhej gjithnjë me fajin përkatës. Diskutimet e të ardhurve mbi luftën dhe gjermanin nuk kishin fund, kush e shtiu dyfekun e parë, sa gjermanë u vranë në filan vend, kush e organizoi pritën, kush udhëhoqi veprimet luftarake. Edhe ata që nuk kishin luftuar, dilnin që kishin mëkuar me trimëri ata që hodhën një dyfek. Tre historikë u përpiluan në mënyrë të ethshme, por të pavarur nga njëri-tjetri. Si zbulimet e mëdha. Numri i gjermanëve të vrarë në ata defterë si të spërkatur me gjermanicid, duhej të shqetësonte vërtet ndonjë land prusian. Ishin djemtë trima të Gropovëthit që kishin bërë kërdinë dhe kjo duhej dokumentuar. Se ndryshe do t'humbiste në mjegull të harresës. Dhe s'do ta falte historia!

Miratimi i versionit zyrtar të historikut të fshatit pati më shumë tendosje e gjendje të nderë se pritja për fituesin e zgjedhjeve presidenciale amerikane. Sipas përkrahjeve nga komitete të ndryshme, herë merrte epërsi versioni konservativ i Iljazit (Ilas në gropovëthçe) e herë i Shuaipit, që ishte më i hapët dhe më liberal, pasi raportin e ngjarjeve Gropovëth-Botë e kishte pak më tepër të prirur nga kjo e fundit se ai i Iljazit.

Fitoi versioni i Zikos, i cili gjithë kohës kish qenë aktor i dorës së dytë para dinosaurëve Iljaz e Shuaip. Shkak u bë një krushqi e sapolidhur, nga një mbesë në Universitet që ishte pleksur me djalin e një të madhi. Aksionet Ziko shkuan në qiell brenda natës në bursën e Gropovëthit dhe versioni i tij i historikut u miratua të nesërmen. Fletë të shtypura me makinë shkrimi, plot gabime drejtshkrimore e ndreqje të vrazhda, u vunë në një stendë të muzeut të sapopëruruar, që ishte njëkohësisht edhe "qendër fronti", "qendër e rinisë", "vatër kulture" e së fundi, edhe muze. U përlotën gjindja, u bëmë dhe ne me muze. Jo vetëm Londra dhe Parisi. Berlini nuk zihej me gojë. Berlini, dhe edhe Vjena, shiheshin me sipëri fitimtari. Siç dilte qartë edhe në historikun, i cili i hapte rrugën Gropovëthit drejt pavdekësisë.

Gropovëthasit ishin të ndërgjegjshëm në epërsinë e tyre. Jo nga fodullëku, thjesht për hir të së vërtetës. Edhe ndonjërit që *i shkiste ledhi* e blasfemonte, i tregonin vendin. Një herë për shembull, Lamja kishte parë në një foto, gjetur një dreq e di se ku, ca rrugë të përbindshme si lumenj, me vetura që shkonin në dy anë, foto e stisur s'do mend. Veturat (që janë vetëm për shokët kryesorë të udhëheqjes), farfurinin ashtu lishö e azat, si të ishin bagëti që kthenin nga verimi. Or, kush e fitoi luftën, kish thënë Lamja, ne apo këta? Pyetja kishte qenë retorike, me helm. Kjo tregonte qartë rëndësinë e historikut të sapomiratuar, të muzeut të sapopëruruar. Kishin boshllëqe njerëzit. Me ngashërim sublim kishin ikur nga muzeu atë ditë, pasi i hodhën një copë plastmasi sipër tendës ku ishin vënë faqet e shtypura të Zikos, për siguri më tepër, se thuhej që do të binte shi dhe çatia e muzeut pikonte në shumë vende. S'kishte gozhdë për riparim.

- Mos more! Gjermania?!

Fjalët më në fund u thane, Ilmiu tundi kokën e hallit. Diçka duhej bërë.

* * *

Besimi u ndal një çast nga një marrje mendsh e lehtë. Dy qetë përpara tij, Larashi dhe Kazili, e mirëpritën ndalesën; ishin të lodhur dhe dita kërkonte edhe disa orë të thyhej mbi pllajën që shtrihej në perëndim gjithashtu si lodhje. Marrje mendsh dhe buçitje në vesh: Ilmiu i kish thënë se oshëtima në veshë ishte shenjë tensioni. Duhej të shkonte te mjeku - kjo do të thoshte dhjetë orë rrugë vajtje-ardhje. Pse jo te Xhevrija, infermierja e qendrës, Ilmi? Jo, jo, ajo nuk ka "kapaçitet" për atë punë. Ilmiu gjithmonë godiste tëmthin e djathtë kur thoshte "kapaçitet". Ishte vërtet një fjalë që ai e donte veçanërisht. Pra Xhevrija nuk mundej, duhej doktor. Zaten edhe doktorët vetë nuk ishin të pagabueshëm. Fizja e Ramadanit kishte vdekur para disa muajsh në spital, pasi doktori i kish ngatërruar grupin e gjakut. I kishin dhënë gjak gabim, u fol. Po kush pyeti e kush e mori vesh tamam.

Dy qetë sillnin erën e tyre, një avull të rëndë, të prekshëm, sa mund ta bëje shuk dhe ta flakje tutje. Kazili ishte më i fuqishëm se

Larashi. Larashin duhej ta shpoje gjithë kohën që të mbante drejtimin. Të dy ishin gjithnjë të uritur - ishin një pikëllim ngjyrë kafe ato kafshë që tërhiqnin parmendën me vite gjersa u vinte koha për t'u therur. T'i dihej e mira kaut, nuk e thernin. Si mund të prisje, pas kësaj, drejtësi në botë?

Qetë dhe Besimi kishin gjuhën e tyre. Me dy rrokje të vetme: "La" dhe "Po". Kur merrte shtrembër parmenda dhe shmangej për poshtë, Besimi u thërriste qeve "La! La! La! La!". Kur merrte më lart se ç'duhej, u bërtiste "Po! Po! Po! Po!". Ara e Luadheve ishte e vështirë në të lëruar, pasi vinte e pjerrët. Kish qenë pyll dikur dhe tani ishte tokë e re. Mosha e tokës ndryshon nga e njeriut. Për shembull ajo tokë, megjithëqë e re, ngjante si plakë, plot rrudha gërryerjesh dhe gjemba që shponin hidhur. S'dinte ç'të mendonte më. Tha me vete: Gjermania. Edhe shtetet, vazhdoi, si arat janë. Ka shtete të reja e të pjerrëta, të vështira për t'u punuar, që bëjnë shumë gjemba. Gërryer nga përrenjtë e sherreve. Një llokmë e shëndetme dheu ra përmbys si një kujtim i bukur. Pastaj vazhdoi shtufi i shpëlarë, që ndihej ndryshe në krahun e parmendës. Ka shtete që mbillen tërë jetën me një bimë të vetme, "monokulturë" siç tha një herë agronomi me Ilmiun, ka dhe shtete me qarkullim, si Plasa, andej nga Korça, kulturë e madhe, ku njerëzia notonin në grurë dhe pulat duhej të kishin harruar si hahet guri. Besimi nuk e dinte në kish shtete të tilla vërtet, por mosdija jep bindjen më të thellë. Në mbledhjen për demaskimin e kryeministrit poliagjent, agronomi kish thënë që veç të tjerash ky mbronte edhe tezën mikroborgjeze "rroftë renditja, poshtë qarkullimi", tezë nga e cila askush nuk kish marrë vesh gjë, por që s'i kish penguar megjithatë gjithë gropovëthasit e mbledhur të indinjoheshin pa masë. Shtet me qarkullim duhet të jetë Italia, mendoi, pepinot, frikacakët, që për 40 vjet kishin qarkulluar 40 qeveri të ndryshme, çka ishte pozitive. Këtu u ngatërrua pak. Mendimi që Shqipëria ishte monokulturë e vulosi hutimin dhe një mllef i fortë e kaploi, siç sa herë që ngecte keq në çështje politike, çka ndodhte pothuaj gjithmonë. U bërtiti qeve me inat, parmenda kishte marrë shtrembër, një devijim në vijë, mendoi si fajtor. Nuk kish faj Ilmiu që thosh "kujdes në këto gjëra". Brazda u drejtua prapë. Dhe shtete gjembaçe, tha si me shpagim, si për shembull Anglia që shihte në TV, ku njerëzit nxirrnin qymyr dhe fytyrat i kishin të palara kurrë. Korbët englezë, tha me vete. Me vendosmëri. Korbët gjermanë! Një tufë me gjemba te verdhë i kujtuan sërisht gomarin që u preu krahët. Mëngjeset në shtëpi tani ishin bërë si të shurdhët pa hajvanin. Dikur nisja e ditës ishte sherrete, tërë xhunga thirrore e urdhëra. Për bukën që s'ishte gati, për veglat që nuk ishin nxjerrë, dhe sidomos për gomarin të cilit nuk i kishin dhënë ujë. E thatë për ujë, që u thafshi vetë më mirë! Apo meqë s'ka gojë të kërkojë, edhe...

Kjo tokë s'duhej hapur, mendoi Besimi ndërsa ndjeu shtufin e fortë nën jorganin e brazdës. Larashi tërhiqte më dobët, si Gjermania e Lindjes. Ky mendim i brofi papandehur mbi ballë dhe i ra vetiu, sumbull djerse mbi dorëzën e parmendës. Ata të perëndimores janë më esnafër dhe "i hanë" këta të lindjes, kishte thënë Ilmiu. Si Kazil rrufjani. La-la-la-la!... Kjo botë kështu kish qenë gjithnjë. Kështu ishin ngrënë dikur dy qen në shesh të fshatit, gjatë luftës, kur asnjë s'e dinte cili krah do të fitonte. Sot, natyrisht, fitorja dihej qysh në 41-shin, por atëbotë Allahu dhe baba Fetahu e dinin se kush do t'ish ngadhnjimtari. Ata qentë qëlluan një i zi e një i kuqërremtë. Mo' i ndani, kish thënë Kalo nastradini, të shohim kush do e mundë shokun. Në fitoftë i kuqi, dmth do fitojnë të kuqtë. Në fitoftë i ziu… I kuqi e kish vënë poshtë qenin tjetër, mu kur u duk se ky do fitonte, dhe Kalua kish thënë "komunistët fituakan, o llah, shkoni e këputjani gjumit tani", kafshët s'gënjejnë kurrë. Ja, dy qen dinin më mirë se gjithë gazetat e Tiranës.

Besimi vuri shaminë në qafë t'i pinte djersët. Dy Gjermanitë çapiteshin rëndshëm përpara dhe largonin mizat me bisht. Ajo e lindjes donte hosten. E perëndimit e donte me të thirrur, se hiqte si shumë në drejtim të vet. Duhej mbajtur në brazdë. Me hostenin në dorë, atij iu duk vetja si mbret i lodhur i botës. Shumë gjëra po dilnin nga kjo punë e Gjermanive, që s'i kishin dëgjuar më parë. Shtete dysh, si që parmende edhe gjetiu. Që tërhiqnin hallet e tyre, parmenda të rënda. Larashland. Kaziland. La-la-la! Politika e madhe arriti përmes daulleve ushtuese të veshëve. Si në shtuf të cekët, mendja e tij hasi në shkëmb nëntokësor blasfemie, që i vrau brazdën e lodhur të trurit. Sepse... edhe Shqipëria... shqiptarët... si Kazili me Larashin... U rrënqeth nga herezia. Tensioni i gjakut, tha me vete. Duhej të kërkonte leje të shkonte tek mjeku në qytezë, t'i jepte ndonjë ilaç. Shqipërinë ka kush e mban në brazdë, mendoi me mllef, duke iu kanosur mendjes së vet për proçkat që i poftiste. *Na thoshin qeveri e rigonit, po kjo qeveria e rigonit u bë qeveri e çelikut!* Zëri i Enver Hoxhës erdhi bubullues, siç duhej. Ose ndoshta po bubullinte vërtet andej nga mali i Ramijes. La! La! La! Ka zot hauri. Vithet e Shqipërive, që çapiteshin para tij, kullonin djersë të kuqërreme. Tensioni i lartë shoqërohej me kapilarë gjaku që plasnin nëpër sytë. Ilmiu gjithëditës u shfaq si fantazëm për t'i thënë se janë marrë të gjitha masat. Tunelet e udhëheqjes për rast lufte, në anë të Ramijes, ishin garancia më e mirë. Telegramet venë e vinë, nga Londoni në Athinë… Larashi me Kazilin nga Boni dhe

116

Berlini, u bënë Tirana dhe Prishtina. Shqipëria dhe Kosova po lëronin arën e Luadheve, tokë e vjetër.

Kur do e therin Larashin?

Përplasja nuk vonoi. Koka ndjeu një send të fortë - këtë radhë parmenda duhej të ish thyer keq. Brazda kishte devijuar. Shtrembërim. Në vijë.

Tensioni, sëmundje e poshtër!

* * *

Dinua dhe Resmiu e gjetën Besimin të shtrirë anë parmendës pas ndonjë gjysmë ore. Vinin nga pylli i lajthive të Dobrushës dhe po ngjiteshin në livadhet afër Kulmakut, kur e panë. Kujtuan se ai po flinte. Dinua donte të vazhdonte rrugën, por Resmiu dyshoi për diçka. U afrua. E shkundi. Kuptoi që tjetrit i kish rënë të fikët. Nxorën një "fagur" të goditur ushtrie dhe e spërkatën fytyrën e të alivanosurit. Besimi po jepte shenja jete. Iu deshën pesë minuta të vinte në vete. Por kur erdhi, tronditja ishte edhe më e madhe se alivania. Oshëtima në veshë i erdhi jo prej tensionit arterial: skuqja e syve kishte më shumë se kapilarë të çarë.

Dinua dhe Resmiu ishin të Lagjes së kulakëve.

QENGJ BUNKERI

Prolog

Në mensën e një fshati gjysmëkodrinor të Shqipërisë së Jugut do të hahej një qengj. Prania e tij u regjistrua nga alieni i diskut PO3, i cili vëzhgonte sjelljen mishngrënëse të banorëve të Tokës. Pika e Shqipërisë ishte veçanërisht interesante, pasi aty të gjithë treguesit e konsumit të mishit binin në mënyrë të papritur. Një uri ujqërish në ajër e vishte monitorin si me avull, pasi ajo lloj urie përthithej si zhurmë e bardhë. Shenjëzat digjitale, të dobësuara edhe nga largësia dhe vranësirat, përpëliteshin mbi monitorët karnilogë si krijesa të sapotherura. Sipas treguesve të legjendës, pulsimet përkonin me grupin "kukurece dhe/ose keftedhe dhe/ose mezedhe". Një angullimë pak më tej që s'kuptohej në qe ujk a buzuk, dhe gjurma kërnackash po përvidheshin drejt Lindjes duke lënë pas një bisht drite që zbehej dhe shuhej ngadalë. Lokusi ishte "Qafë e Kazanit". Greqia binte erë mishrash, shishqebapë,

118

çomlekë, byrekë të mbushur, dollma në sini fluturuese mbi turqitë e sinisi në dete të kuq; blegërima e qengjave pranverorë sulmonte hënën njëkohësisht me kuisjen e bishave dimërore që vinin nga ana tjetër e planetit, përplasja e tyre mbi trupin e PO3 e devijonte tingullin prej Apenineve tek Andet... Argjentina me treguesit e qëndrueshëm cërriste përjetësisht mbi zgarë. Nju Jorku një *steak* i bërë përgjysmë, me gjak brenda, i errët jashtë. Londra piqej nga sipër. Blegërimat e Australisë i shuante deti, si dhe flakën e Brazilit... India shtrihej e qetë, pafundësisht e madhe, Saharë dhe Hënë e mishit.

E ktheu edhe një herë fokusin nga Shqipëria dhe pa përsëri pulsimin e zbehtë që vinte nga trupi i shtetit heshtës, pulsim që askund tjetër nuk do të binte në sy. Sidoqoftë, me gjithë rezolucionin thërrmijor të të dhënave, alieni nuk mund ta dinte që në dhomën e paduk të mensës së atij fshati parakodrinor të Shqipërisë së Jugut po hahej fshehur një qengj pa leje!

I.

Tava drejtkëndore e pjekjes mes burrave ngrënës ish një kornizë tabloje mjeshtri që po kundrohej me përdëllim dëshire. "Ç'e shikon si mishin në hell", thoshin plakat zakonisht kur djemuria kundronte pa terbiet ndonjë vajzë të bukur. E vjedhur para shumë vitesh nga kuzhina e kampit të punëtorëve të Pogradecit ose Sarandës, prej një djali nga fshati ushtar, që mësoi atje për kuzhinier, ajo erdhi si nusja e rrëmbyer që tregojnë. Vjedhja s'ia cënonte fare shenjtërimin. Ngaqë zu e përdorej rrallë e më rrallë, i ra një hije kulti, si ajo e kazanit të rakisë, që gjithashtu punohej rrallë, vetëm një herë në vit, në vjeshtë.

Rreth tavës heshtja prishej nga mbllaçitja, thithja e kockave që kërkonte palcat në çdo kthinëz e qelëz, nga rrasja e gjuhës midis dhëmbëve për të hequr që andej pejzat e bezdisura ngjeshur me varetë e dhëmballëve, nga thyerje-shqyerjet e ligamenteve për të nxjerrë në dritë fijëzat më të holla e të fshehura të mishit nën lapra. Burrat nuk flisnin. Lëvizjet e nofullave vetëm kafshonin. Ato nofulla kishin ngrënë edhe copat e rëna të suvasë. Kockat e pastruara deri në dhembje finjash filluan të grumbulloheshin mbi tryezë. Nga një ekran i zbehtë televizori, llambat e të cilit digjnin me tym kandili emisionin "Bota rreth nesh", disa luanë apo tigra po shqyenin edhe ata copërat e një gazele. Tri macet e mensës po prisnin me durim pas dere që dikush të hidhte kockat përjashta. E gjithë bota sikur ish çartur pas mishit.

Qengjin tek mensa e solli Nexhmedini, futur në një thes liri. Vajti tek vendstrehimi i së imtës me kujdes se mos e shihte njeri, por kjo nuk qe shumë e nevojshme. Ai vend aty, edhe pse jo larg e i shkëputur, nuk para vizitohej shumë nga njerëzit. Myfiti ia kishte dhënë udhëzimet e sakta: tek "pesçja e bunkerëve" në krah të shtëpisë së tij, në bunkerin e mesit, do ta gjente qengjin. U fut brenda duke u përkulur pak - bunkerët fushorë ishin aq të lartë saqë një burri jo të gjatë nuk i duhej të përkulej shumë. Nga frëngjia e vogël misërishtja përballë dukej më e madhe se ç'ish. Myfiti kishte shtruar kashtë poshtë dhe hyrjen e bunkerit e kishte zënë me një lesë të bërë me shkarpa maresh. Qengji ishte i lidhur. Brenda në bunker vinte një erë e rëndë fillimisht, me të cilën të mësoheshin hundët shpejt. Kafsha nuk u tremb, ndoshta priste t'i sillnin ushqim. Nexhmedini ia lidhi këmbët me shpejtësi dhe e futi në thes, të cilin e lidhi gjithashtu fort në grykë me të njëjtin litar. Blegërima e qengjit u mbyt në rropullitë e thesit. Eci me thesin në krahë dhe nuk u poq me askënd rrugës deri tek mensa, ku e priste Kasemi. Ky e peshoi qengjin në dorë dhe tundi kokën i kënaqur. Therja u krye shpejt dhe pothuaj pa zhurmë. Koka e bardhë e prerë e qengjit flinte një gjumë të qetë. Gjaku në rrëzë të qafës u mpiks shpejt, por që aty dukej sikur rridhte papushim një heshtje gurgulluese përjashta. Ajo kokë t'i merrte të tëra fjalët. E vetmja pyetje që u shkëmbye mes dy burrave ishte: E bëjmë copa, apo e pjekim siç është?

E bënë copa. Tava drejtkëndëshe doli si nuse sermi, e venitur, e ftohtë. Ishte e vetmja tavë me brinjë të drejta në fshat. Të tjerat ishin të gjitha tepsi, të rrumbullakta. Rumbulluar nëpër gëzime e zijafete.

Me kohë, tepsitë e fshatit ishin shurdhuar. Saçet ishin ftohur. Qëkur Neim furrxhiu filloi t'i bënte bukët tek furra, shumë alete të pjekjes së përditshme filluan të futeshin gjithnjë e më tepër në rrëza të paarritshme, ku s'pengonin. Një syrgjynosje e përgjithshme tepsish. Trishtim pirostish, agoni mashash e kacish. Trikëmbësha të heshtur mbi hi të vjetër që nuk ndizet më.

Eshtrat mbi sofër të kujtonin gjetjet pjesore të dinosaurëve në profilet e thella të tokës. Po t'i bashkoje me kujdes, me teori skeletesh e paleontologji, të hamendësoje kockat e munguara, ato të njomat që ishin bluar me babëzi kërcesh, të riformatoje kockat gjysmë të ngrëna nga skajet, aty ku palca krijon një ind si prej rëre kokërrtrashë naftëmbajtëse, do të përftoje më në fund një fytyrim karbonifer të llojit të porsazhdukur. Por nga ajo mbetje skeleti qengji nuk mund të riformatohej asgjë. Mishi ish ngrënë, kocka nuk ish ruajtur. Në sytë e burrave venitej një si flakë e shuar seksi. Oral. I cili duhet të jetë i mundur vetëm në lloje mishngrënëse.

(Ngrënia epshore e shpretkës së gjallë, sapo qengjit i nxorën rropullitë, i pat dhënë një shuarje gëlqereje fytyrës së Nexhmedinit). Nga ekrani dritëzbehtë figurat e paqtuara të luanëve lëpinin të përtuar gazelën dhe veten. Macet tek pragu prisnin me durim, por vëmendja e tyre tashmë ish tendosur në kulm.

Festa orale me ejakulimet e pështymës, dhembjet e befta të gjendrave të sekrecionit ngaqë u përdorën papritur pas një kohe të gjatë, dhembje e palokalizuar askund, çasti kur uria do të shndërrohet në ngopje, kur gjuha e godet qiellzën për herë të fundit me një përplasje që s'don të mbarojë kurrë, kjo flakë-festëzë e përpëlitur për gjithë zjarret që s'u ndezën kurrë, sapo kish mbaruar. Ishte tani gati të bëhej përvjetor, kremtim, krenari prej vendi. Të gjithë e dinin që ajo çka sapo ndodhi do të bëhej ngjarje kalendarike, Shemja u sëmur nja dy javë pas "qingjit", ose, kur Baftjari theu krahun, ne nuk e kishim ngrënë ende "qingjin", ose, duhet të ketë qenë vjeshtë e dytë kur Ilmiu shkoi në Tiranë, pasi mbaj mend që e kishit postiqen e "qingjit" ndanë oxhakut.

Ajo ngrënie ilegale i bëri shokë guerrilas, dishepuj të darkës së fundit, ceremonial kulti që nisi i tillë, përbetues që sefte: *Myfiti ka një qingj, dhe na ka ftuar. Ilmiun, Nexhipin e mensës, Kasemin, Nexhmedinin dhe ty, Lutfi, që bën vjersha. Tek mensa. Në orën pesë pasdite. Shihemi atje.*

Lutfi (pjesë ditari): "Jermishi"

I mbaj mend si e kur filluan jermet e para të vërteta të mishit. Kur kish dëgjuar për qingjat që do çoheshin në Greqi, për atë fjalën aq

122

të urryer për këdo, "eksport", Nurja i Zurdos kishte sokëllirë si ujk mbi shkëmbenjtë e Rrapo Abazit. Unë jam poet dhe mbase kam prirjen të shoh vegime kudo, por jermin e mishit jam gati të betohem që e kam parë tek të gjithë, ishte açik, ia bënte "muuu", si një gjedhë e dëshiruar e që s'e kapje dot.

Mish tani hahet vetëm në dasma. Kush nxori i pari proverbin "Dasëm pa mish s'ka", ka dashur të lidhë vetë të ardhmen e riprodhimin tonë me mishin. Dasma ka mbetur e vetmja ngjarje që na lidh tashmë me mishin, sepse vetëm në një rast të tillë merret "autorizim" për të therur një të imët. Këto janë bërë edhe më të imta, mpakur si shpirt i lënguar. Kur qëlloj që shoh një tufë më zë të qarët, kuptohemi, na vjen keq për shoshoqnë, s'di rast tjetër ku ngrënësi të mallëngjejë prenë dhe preja ngrënësin, jemi të uritura të dyja palët.

Një ditë s'di ç'më gjet dhe shkova tek stallë e Gajtanit. Stalla është një ngrehinë me mur e çati guri, pa tavan e dysheme, që të shumtën e kohës rri mbyllur. Jashtë ishte një pranverë e begatë me qiell që të vret me mavinë e thellë, qershitë ngazëllenin në lulëri të bardha … Shkova në një mezhdë dhe mblodha një tufë bar për tufëzën ndryrë në stallë. U afrova ngadalë, dera qe mbyllur me një lloz nga jashtë, e hapa derën ngadalë, fasha e dritës hyri me vrap pas meje, aty ishin ca lopë të dobësuara, gjithë vija kockash e gropa gollganesh që dukej sikur flinin, por që sapo ndjenë kuitjen e derës dhe dritën që u derdh si qumësht mbi mesore, u shkundën njëkohshëm, zinxhirët bënë një zhurmë vargoi, të rëndë, të thellë, unë nxora tufën e freskët të barit nga pas shpine, ato duket ndjenë erën e gjelbër dhe u dhanë me një dëshirë të paparë, sytë e ëmbël iu egërsuan, nuk u kisha aq besë zinxhirëve të tyre që mund të mbanin, e sado të ligura që ishin, m'u bënë ezhdërha nga frika e befte. Në Spanjë, thonë, ka njerëz që luftojnë për sport me demat, nuk di si e bëjnë, por asnjë bishë pylli nuk është aq e tmerrshme sa një lopë e uritur, u tremba për vdekje, m'u duk sikur muret e gurta të stallës lëvizën drejt meje. U tërhoqa i tmerruar, ato lopë do më shqyenin të gjallë, ishin bërë pa fjalë lopë mishngrënëse, ç't'u desh, Lutfi, iu gërmusha vetes dhe s'u besova syve kur pashë që kisha mbërritur tek dera ndërkaq; në çastin e daljes flaka në drejtim të tyre tufëzën me bar si nusja lulet, dhe e mbylla derën pas vetes, i lumtur që shpëtova me aq. Pikëllimi për ato lopë kish avullur nga frika. Më pas, si e mora pak veten, avujt e tij nisën të mpiksen përsëri e të formojnë çurgjet e parë në muret e trupit e më pas të pikojnë, kështu themi për muret kur lagen, "qajnë" themi, binte më pas keqardhja për ato lopë të ngrata pikë-pikë, e ndoshta ndaj i thonë "pikëllim".

Por dasma nuk ka në fshat. Dikur njerëzia donin rast të këndonin e të kërcenin, sot mezi presin një dasëm që të provojnë mish, ta shohin, por hiç dasma sivjet, apo na duket ne ashtu? Për dreq edhe Shkenca e prishi dasmën me Agronin nga fshati fqinjë, shumë kollaj prishen lidhjet sot, dikur të prishje një dasëm ishte më keq se të prishje një xhami, thoshin, dhe martoheshin njerëzia. Duket shkesët e fshatit nuk i kemi gjë. Po mbaj frymën se po bisedohet për Aleancën e Faslliut, e kanë kërkuar dëgjova në mirëbesim, por po mendohet Faslliu, sikur Aleanca është ndonjë e rënë nga qielli, jepe të shkretën, kush u martua dhe s'u gëzua…?

II.

Nexhmedini bëri pyetjen e parë.

   - Hë, u navasët, a?

- Ndjemë, ndjemë ca.

- Nexhipi është esnaf për të pjekur.

- E ka në sua. Soj çobani.

- Eeehhh... Në ato kohërat e para, kur kthente bagëtia nga verimi, dukej sikur shembej mali një javë rresht *ajq'*.

- Shtegtonin bagëtia. Shtegtonin zogjtë. Shtegtonte njerëzia.

Ky i fundit që foli, Kasemi me "farforite", mbahej si më liberali e mendjehapëti. I pëlqente t'i thoshin Sem, jo Kaso. Fliste me dy kuptime.

Heshtje.

- Shtegtonin... po...

- Një herë vaktit shkoje në vathë e i vije gishtin bagëtisë, cilën do, a i vrarë.

Myfitit, siç po ndodhte shpesh e më shpesh, e kaluara iu shfaq si një kotec privat me shpezë private dhe gjak therjesh "të sforcuara". E shkuara e godiste në kokë si një mykë sqepari cungun e drurit. Goditje në dru. *Në dru e në gurt. Ruaju sahatit' lig dhe sherrit mynafik!*

Ishin kohë me fjalime dhe fjali të reja. Kohë të etura për të goditur diçka. Gjëra të gabuara mund t'ia behnin kudo. Mund të ishin një kumbull, një vijë uji, një Zot e di ç'tjetër. Nuk e kish menduar që do t'ishin pulat, sidoqoftë. Glasat e tyre dendësoheshin derisa bëheshin kore toke në anën e oborrit përdrejt kotecit. Ky u bë papritur një vend i rrezikshëm, ato dërrasa të shtrembëra pillnin veç të keqen, si të qenë vezë gjarpri e jo pulash, me të verdha helmi. Kakarisja ogurzezë dhe glasat mbi lëvozhgat morën një pisllëk lavireje... *Pjell çdo ditë, çdo orë, çdo minutë kapitalizëm:* zëri i sekretarit të bënte me turp për dyshimin, kapitalizmi si zgjebja, a pyet kush pse është e keqe zgjebja, nuk pyet, por me vrap shkon dhe merr squfurin. Kështu dhe ai, me vrap kish marrë sqeparin dhe me gjithë lutjet e përlotura të gruas, do na lëç fëmin' iftiaç për një vezë, me ç't'i nis për shkollë etj etj, nuk e kish zgjatur, por ua kish prerë kokat pulave të tij me goditje njëshe, të vendosura, mbi një cung të vjetër ulliri përfund bahçes. Dung! Goditje e shurdhër, spërkatje e rrethinës me spërka të reja gjaku, ndërsa koka e prerë e shpendit fluturonte anash.

Në fund, kur i kishte prerë të gjitha kokat, në vend të lehtësimit të njohur të të qenit brenda, konform e kloroform, e breu një moskuptim më i shurdhët se goditjet e sqeparit mbi cung. Nuk e kishte dhënë veten, kishte marrë pamjen e zakonshme të njeriut që di ç'bën, me nofullat e shtangëta që rrezatonin siguri, ndjekur nga sytë e hutuar frikshëm të fëmijëve. Ndër ta, vetëm Agroni nuk shfaqi frikë ngaqë ende nuk kuptonte ç'bëhej. Ai i mori kokat e prera të pulave, të shpërndara andej këtej nëpër truallin rreth cungut dhe i grumbulloi bashkë. I kapte nga sqepi, u shikonte sytë e mbyllur dhe i vinte një e nga një në një pirg që rritej pas çdo koke të hedhur në të. Ngadalë grumbulli mori formë piramide.

* * *

Myfiti lau duart në muslluk. Ndjente nga pas shikimin ankimtar të së shoqes si një curril ajri të ftohtë që e bezdiste. Nuk vonuan të dëgjoheshin qartazi edhe shfryrjet e saj në ecejaket oborr-shtëpi. Çdo goditje sqepari dhe kokë pule e flakëruar tutje kish ushqyer mllefin e saj, sikur një numërim mbrapsht shpërthimin e një mine. Edhe fjalët e saj, drejtuar askujt, erdhën të rralla në fillim, një tani e një pastaj, si pikat fillestare të rrebeshit, që me kalimin e kohës dendësohet për t'u bërë litar. Vetëtimthi Myfitit i shkoi ndër mend që ashtu llafazanër ishin të gjithë nga soji i saj. Kur ndonjë nga djemtë dërdëlliste shumë pa kryer punë, Myfiti i thosh "ke ngjarë andej". Në fakt çdo gjë jo të mbarë djemtë e bënin ngaqë kishin ngjarë "andej". Toidhjo!

Bjemë një peshqir, i thirri rëndë së shoqes, duke shkundur përtokë duart e lagura. E shoqja erdhi tërë hundë e buzë, dhe duke i dhënë peshqirin mallkoi përsëri e vazhdoi me zërin që nuk i drejtohej askujt: "Tani t'i japë Shemsedini vezët". Shemsedini ishte sekretari i organizatës bazë të Partisë. Myfitit iu duk se kupa u mbush e u derdh. Me një goditje të prerë, "mbrapsht", me kurriz të dorës, e goditi të shoqen në fytyrë. Kish dorë të rëndë. Edhe kafshët që therte ngordhnin në vend nga goditja e tij. Nuk përpëliteshin. Jepnin shpirt aty për aty. Nuk kish nevojë të ngulte thikën në tokë, siç ish zakoni, që t'u shpejtonte daljen e shpirtit. Goditja në fytyrën e gruas pati tjetër tingull nga ai i sqeparit në trung. Dang! Gjaku i saj spërkati truallin e oborrit fare pranë gjakut të pulave. Fëmijët vazhdonin të shikonin të nemitur. Bardhyli që ishte mbi Agronin, filloi të qante me të madhe. Friksi! Kish ngjarë "andej". Toidhjo!

Kur gruaja u fut brenda, ai pa me bisht të syrit gjakun e saj dhe vuri re se ishte më i çelët se ai i shpendëve. Me kohë do të erreshin gjithë gjakrat dhe toka do t'i përpinte në mënyrë të mistershme, siç i bën gjërat vetëm ajo. Ky ishte kurban i një diçkaje të madhe, mendoi Myfiti. E shoqja nuk i kuptonte këto gjëra. Dava vezësh. Që mos u hëngshin! Po errej. Dha urdhër që fëmijët të futeshin brenda. Thirri të shoqen që u shfaq si meit. Merri këto, i tha, duke treguar me gisht trupat pa jetë të pulave. Merri dhe gatuaji!

Nata ra shpejt. Një kazan i zi mbiu nga terri dhe uji në të po vlonte me një zhurmë si prej sere. E shoqja, gjithë dyll' e verdhë në fytyrë, hodhi brenda trupat e pulave, që pasi e ndërprenë për pak çaste zierjen ziftore të kazanit, u duk sikur e ringjallën edhe më të fortë lluk-llukjen e vlimit. Nën zjarrin e shqopës ai ngjante si kazan shtrigani. *Turbull-turbull-turbullo...*

Myfiti ndezi një cigare që iu bë shumë e hidhët.

Gjithçka ishte kaq e pavërtetë, si e marrë borxh nga një tjetër botë dhe një tjetër jetë. Ndërsa e shoqja kishte shkulur puplat e shpendëve që binin mbi tokë duke përthithur në rënie regëtimat pluhurore të hënës, atij iu duk sikur pa një borë që s'kish rënë kurrë. Një borë puplore si e përgjakur në sqetulla. Trupat e rrjepur të pulave ishin po ashtu si të ardhura nga tjetër botë. Gjymtyrët dhe qafat e cunguara, si të prera brutalisht nga goditje çizmesh mbi kalldrëme të vjetër. Pak më tej, hëna gjeti një të çarë mes degëve të kumbullës dhe hodhi një rreze të zbehtë si të penduar vonë mbi truallin e sheshuar prej territ. Piramida me kokat e prera reflektonte një dritë të paduruesme. Sytë e mbyllur prej kapakëve të vdekjes kanë shikimin më të rëndë. Edhe kur janë sy shpendësh. Qysh tani piramida kish filluar të kalbëzohej. Insektet e para, pararoja e bzzzz-eve të mëvonshëm mbi kalbëzimin dhe kutërbimin e pashmangshëm duhej të kishin mbërritur ndërkaq.

Një frut i ri varej i thartuar mbi kumbull: "Pse?" Përgjigjia ishte e shpërhapur si yllësi gushti në jug, si një dorë e mbushur mirë nitrati apo farërash të grunjta. Fermë e shtetit. Farëhedhësi i Onufrit ecte papushim mbi shputa të përgjakura. Ai nuk hidhte farë, por thumba të mprehtë çeliku, të cilat i shkelte më pas.

I hëngrën pulat në heshtje, secili kishte nga dy tre përpara: Hajini se do prishen, tha, s'kemi ku i mbajmë. Hëngrën, u ngopën, skeleti i pulës së parë ishte i pastruar mbarazi, i së dytës jo më, i së tretës asfare, veleritja i habiti të gjithë në fillim, kishin kujtuar se do të mund të hanin mish pa fund, por s'paskësh qenë ashtu; e shoqja nuk u ul me ta, nuk hëngri, fëmijët e habitur nga ky bollëk i papritur po silleshin pak çuditshëm, e shihnin njëri-tjetrin me një buzëqeshje të marrë, djali i madh u kujtua të bënte adec me të dytin, por ajo kërrabë kocke nuk po thyhej, u shkiste në gishtat e ngjyer me yndyrë.

S'kaloi shumë dhe njërin nga djemtë e zuri barku. Ecejaket e së shoqes u bënë edhe më nervoze se më parë. E gjithë pamja e saj harkohej edhe më shumë kur nxehej, ishte një pjesë pse-je e ditës, një presë sqepari, hunda i mprihej për çudi më shumë, shëmtohej ashtu, e mori djalin në oborr ku ai edhe volli, mbase lehtësohej tani, djersët ia mbulonin kokën e qethur tullë me një baltovinë çaçke, vëre të flere, nesër do gëdhihet mirë, s'ka asgjë, asnjë përgjigje. Ai doli jashtë. Një gromësimë te pragu i arriti deri tek yjet. E vjella e të birit, gjaku i së shoqes, kokat e shpendëve dhe gjaku i tyre, të gjitha po ndrinin nën hënë me një çmenduri pa zë.

* *.*

- Si erdh' kjo punë kështu, të hamë fshehur, a i qivja t'ëmën!
- Opo mirë që u kujtua Myfiti, pa fshehur-pa-fshehur, kush pyet. Do hanja edhe majë çatisë.
- Ore vërtet, si u bëre mbarë, o Myfit?
- Një kushëri ma shtiri në mënd.
- Ëhë?

- Jeton në Tiranë, në Kombinat.

- Ëhë?

- Vajta për analiza në Tiranë, e më të kthyer, natën e fundit, fjeta tek kushëriri.

Myfiti tregoi sesi e kishin pritur atje, kushëriri nuk i kishte harruar aspak zakonet e vjetra, përkundrazi i mbante mend më mirë se ata vetë. Çdo gjë mirë e bukur, e shihja që e shoqja hyr-e-dil disa herë në ballkon me ca sahanë të çuditshëm në duar, tha, por s'e bëra hall. Ramë e fjetëm. Në mëngjes më zgjuan ca kakarisje pulash. Thashë do jetë radioja, por jo. Ato s'ishin si prej radioje, ato vinin nga ballkoni. U ngrita nga rrobat dhe vajta pa u ndjerë, hedh sytë ne ballkon nga xhami i derës, ç'të shoh, disa pula që bënin zakonin. U habita, vazhdoi. Më gjen ashtu e shoqe e kushëririt që u zu ngushtë. Qeshi si me zor. S'po kuptoja gjë, në qytet e mendoja më mirë punën, qytetarët hanë pula Hungarie, kështu kishim dëgjuar. Aty u dha edhe kushua, dora vetë. I foli në fillim të shoqes. Mos ki merak, Myfiti është i yni, tha. S'jemi vetëm ne, o Myfit, vazhdoi, ç'të bëjmë, janë të paktën katër ballkone që mbajnë pula në pallatin tonë. I mbajmë fshehur, po ndonjëherë dëgjohen ato të uruara, se s'mund t'ua mbash gojën mbyllur.

- Shiko, shiko...

- Në mëngjes më bënë vezë. E dija që ishin nga të ballkonit. Të vjen një njeri e turpërohesh, o Myfit, tha kushëriri. Bëra po me kokë. M'u kujtua koteci im, e mbani mend si i prishëm kur u bëmë fermë? I kam therur të gjitha me dorën time, kur më tha Shemsedini që nuk duhet.

- Pooo..., e mbajmë mend.

- U kthyesh dhe thashë "në të s'ëmës, kur ai në Tiranë, po unë"... Vetëm që këtu tek ne të kallëzojnë, në Tiranë sikur më të kuptuar njerëzit. Ishte koha kur pjellin dhentë. I thashë Avniut të malit që shiko mos më gjen dot një qengj. Më kishte një borxh ashtu… s'di si e rregulloi, por ma pruri natën. Në shtëpi nuk e mbaja dot, sepse do ma shtinin në sy, ime shoqe, djemtë. Ata as sot nuk e dinë. Por e kisha gjetur, do e mbaj në bunkerët e fushës, thashë. Dhe ashtu e bëra. E kam rritur përditë, nuk mendoja për mish gjëkundi hiç, për këtë bukë. Tjetër është bagëtia kur e rrit vetë.

Lutfi (pjesë ditari): "Jetë qingji"

Qingji i Myfitit më ka futur në mendime. Jemi rritur me këngën "Qingji i vogël, pse mendueshëm", të cilën e dinim të gjithë që nuk ishte i vërtetë. E pavërteta të josh më shumë se e vërteta, sepse të fton ta gjesh. Ai qingj ishte i trishtuar ngaqë shokët e tij po shkonin në kooperativë. Sajesë e guximshme, ku tallja është gati të blegërijë çdo çast duke lëpirë ndonjë vesë mbi luledele. Ndërsa qengji i Myfitit ka qenë pa asnjë dyshim një nga krijesat më të trishtuara të botës. Rritur fshehur, në bunker, pa parë asnjëherë një livadh të vërtetë, i mbajtur në ato mure betoni deri sa t'i vinte dita për t'u therur. Kjo është një histori e trishtuar. Një jetë prej qingji, si me thënë. Shumë më e keqe se një jetë qeni. Sepse edhe këta i mbyllin në vrima për t'i egërsuar, për të urryer gjithë botën, dhe liria e tyre është një hungërimë e pafund kundër kujtdo, ata janë të menduar vetëm për armiqësi. Ndërsa për qingjin urrejtja është një luks i pamundur, nga çdo anë. Por ndoshta, ndoshta… duke mos e ditur sesi është atje përjashta, duke mos dëgjuar një herë *zëthin e s'ëmës*, mbase them, ai nuk e di ç'ka humbur. Trishtimi nuk shihet dot nga brenda. Mbase ashtu i duket se është kjo jetë. Pa ngjyra, pa zëra të të ngjashmëve. Një dorë që sjell ushqim dhe ujë. Bunker dhe therje për në tavën katrore.

Nga brenda çdo bunker mund të bëhet pak Pantheon.

III.

- Mirë që ua pamë hajrin për diçka këtyre bunkerëve, - tha Kasemi.

- Bunkerët janë një gjë e pahair, - tha Nexhmedini. - Hairi i tyre lufta është.

- Lufta dhe vdekja, - tha prapë Kasemi me farforite.

Nuk i foli njeri, ta kundërshtonte si zakonisht. Kundërshtimi bëhej më shumë për siguri teknike. Nëse dikush do ta "denonconte" Kason për "agjitacion", sido që të vinte puna, bashkëbiseduesi do të mbrohej shi me atë kundërshtim nga akuza e sigurt se "Ç'bëre ti duke qenë aty?" Por për bunkerët puna ishte ndryshe. Mbi ta rëndonte hija e Sajmirës dhe Taulantit.

Lutfi (orvatje për tregim): "Taulanti dhe Sajmira"

Unë e dija që Taulanti e donte Sajmirën. Që në fillim të shkollës së mesme i shikoje gjithnjë bashkë, ca gjëra duken ashiqare. Ngaqë i kishin emrat ngjitur në regjistër, kur bëhej apeli, pasi ulej Sajmira, i buzëqeshte Taulantit që po i vinte radha të thirrej, dhe aty e kuptova që ata duheshin. Asnjë vajzë nuk të buzëqesh ashtu po nuk të deshi. Buzëqesh edhe Valdetja, për shembull, por tjetër gjë, i mbaron qeshja menjëherë, s'ka thellësirë hiç, kurse e Sajmirës sikur do vazhdonte një jetë të tërë, ujë që rrjedh edhe pasi ajo ikën, rri në ajër e varur, dhe Taulanti bëhet tjetër njeri. Edhe kur të shikon ty më pas, në fytyrë i ka mbetur Sajmira, fytyra i bëhet si me qiell, sa të vjen ta kapësh për supesh, ta shkundësh, zgjohu, mos më shiko dhe mua ashtu. E dija që bënin dashuri. Nuk se i pata parë diku, por ajo gjë merret vesh menjëherë. Ka një shkrehje mashkulli që "e ka bërë", që nuk do të thotë fare se nuk e do më (aq shumë) si më parë femrën e tij, ama që ka një shkrehje, e ka. Dhe Taulanti e kishte atë shkrehje, që është e papërshkrueshme me fjalë, por që kuptohet me sy. Kështu vazhdoi disa muaj, mua me thënë të drejtën më ngacmonte pak kureshtja se ku e bënin, por mund të rroja fare mirë edhe pa e ditur, dhe aq më tepër edhe pa e pyetur Taulantin.

Një mëngjes ata të dy nuk kishin ardhur në mësim dhe teksa po thosha me vete që sikur pak si shumë të guximshëm po tregoheshin, një lajm e përshkoi si rrymë trupin e shkollës. Një drithmë vetëtiu nëpër korridore. Ata të dy nuk po gjendeshin kund. Nuk është e lehtë, sidomos për familjen e një çupe, të dalë fjala që ajo s'gjendet kund. U kërkua kudo ku mund të ishin, ndër kushërinj, miqësi, por hiç.

Një operativ me pardësy u vërtit një kohë së bashku me kalecin e zonës, ai bënte sikur dinte shumë, por Taulanti dhe Sajmira nuk po gjendeshin, sikur i kishte përpirë dheu. Dyshimi për arratisje filloi të bëhej gjithnjë e më i fortë. U pyetëm disa herë nga "pardësyja" mos kishim parë a dëgjuar gjë që dëftente për arratisje. E pabesueshme sesa paskeshin dëgjuar disa. Sajmira dinte përmendësh këngët e hit-paradës italiane (dhe një këngë partizane nuk e çonte dot deri në fund), megjithëse ato i kishin folur…, ndërsa Taulanti i fshihte më mirë këmbët, por fakti që ai sikur ishte shkëputur pak nga shoqëria për t'u shoqëruar më shumë me Sajmirën, ishte diçka që dëftente se… Më në fund u bë e qartë që ata ishin arratisur. U hapën fjalë që i kishin parë andej jashtë duke pirë koka-kola në një lokal. U përshkrua edhe hollësia se si e pinin: me një kashtë gruri.

Familjet e tyre u tkurrën e u mbështollën si iriqi kur e ngacmon me shkop. Kishin mllef për njëra-tjetrën, pasi secila palë thosh që ishte viktimë e tjetrës, djali juaj na mori më qafë çupën si flori, ose po të mos kish qenë çupa juaj, djali ynë s'do bënte kurrë nga këto gjëra. Kur zija rri varur, por pa rënë, është më keq sesa kur plas, kur e qan e vajton e ulërin e mbaron ajo punë, e nxjerr pak të keqen, i flet me gojë, e ngjall me sikur e me aman, qoftë dhe për tri ditë.

Ne u mësuam me mungesën e atyre të dyve, sikundër një sakat me boshin e gjymtyrës, ose një nofull me gropën e dhëmballës. Dhe tamam kur nuk e prisnim, morëm vesh që ata të dy u gjendën.

Ishte e pabesueshme se ku. I gjetën tek bunkerët e mëdhenj nën Selishtën e Meme. Këta bunkerë ishin tjetër tertip: të lartë, me disa kthina, dhe ata i pastronte e i mirëmbante reparti ushtarak nën fermë. Si i pastronin dhe i ajrosnin, i mbyllnin dyert deri për pastrimin tjetër. Mesa duket, Sajmira me Taulantin kishin qenë brenda dhe nuk kanë dëgjuar kur ushtari ka mbyllur derën.

Përpara se t'më tmerronte ajo që kish ngjarë, kundër gjithë dëshirës sime e gjithë më e fortë se ajo, nuk mund të mos e mendoja, edhe pse shkurt, siç bëhet me një mysafir të paftuar e të padëshirueshëm, që "bjeri shkurt dhe hë!", nuk mund pra asesi të mos e përfytyroja atë bunker si vend për dashuri, dhe Taulantin si një kavalier sqimatar që nuk kënaqej me bunkerët e vegjël të fushave. Ç'është e drejta ata të vegjlit nuk qenë të përshtatshëm për dashuri, ta nxirrnin për hundësh, jo se e kisha provuar vetë atë gjë, por aq fantazi e ka njeriu, aty mund të sajoheshin dy vetë, por pa luksin e lëvizjeve të tepërta, e aq më tepër në pozicione të papërshtatshme. Sidoqoftë, në qoftë se Sajmira do qëndronte në pozicion qitjeje, me këmbët hapur për të siguruar qëndrueshmëri të trupit dhe supit në çastin e kundërgoditjes së qytës, në mënyrë që qitja të ishte sa më e saktë, pra nëqoftëse ajo i vë bërrylat në parvaz të frëngjisë dhe Taulanti i ngjitet nga pas, duke e prekur me gju fillimisht nën vithe, kështu që ajo të squllet dhe të rëndojë pakëz përposhtë, me rëndesën që kërkohet, atëherë është e mundur që Taulanti... Ç'po bëj kështu, pyeta i alarmuar veten. Përqendrohu në ç'ka ngjarë. Pse, ç'ka ngjarë, ç'ka ngjarë?, pyeti e ndërkryer njëra pjesë e imja që kishte vendosur të mos dinte asgjë, me çdo kusht. Ndërsa pjesa tjetër po përpiqej më kot t'i sillte ata të dy tek bunkerët e vegjël, të papërshtatshëm vërtet, por jo të pamundur sa për një... Kryesorja, bunkerët e vegjël nuk i mbyll njeri! E pra, ashtu me Sajmirën duke parë nga frëngjia falanga pa fund të NATO-s, dhe Taulantin nga pas si mbushës topi, apo numëror, edhe ishte e mundur, me kusht që të mos lëviznin shumë, sidomos për lart, ku kubeja e betontë e bunkerit mund t'u vriste kokën. Vendi më i mirë për dashuri në të vërtetë është transheja që lidh bunkerët, sepse, edhe pse i marrim ca gjëra të vetëkuptuara, kur bëka dashuri, njeriu e kërkoka një copëz hapësirë mbi kokë. Në fakt të gjitha dashuritë e zboreve sikur ishin të tilla, me mungesa hapësirash, në lloj-lloj vijash e proskash, të ndihmuara nga kapotat që mund të shtroheshin gjithkund dhe nga qëndrimi barkaz në çdo terren. Ndërsa kjo ishte një dashuri civile, dhe Taulanti e kishte shpënë Sajmirën në "Hotel Dajtin" e bunkerëve, aty ku duhej të ishte ose komanda, ose ndonjë top i rëndë; kisha parë të tillë bunkerë, me goxha kubaturë, e cila me siguri i amplifikonte rënkimet e Sajmirës me volinë akustike të kubeve.

Sajmira rënkoi disa herë ndërkaq në veshët e mi, me një zgjatim të së qeshurës së saj të bukur. Pa fjalë që Taulanti kish shtruar kashtë atje, me kohë fillon rutina, veç kashtës mund të kishte ndonjë shishe me ujë, ndonjë jastëk të vogël, ndonjë pecete, hirnore, cigarja pas s'ka të paguar..., dhe siguria aty ishte e plotë, edhe sikur të binte bomba atomike (*pa dhe bota të përmbyset*), llogaritjet ishin bërë të gjitha për ushtarin e përgatitur, që s'ish veç një çap larg nga një çift dashnorësh të përhumbur në njëri-tjetrin: Traktati i Varshavës mund të na sulmonte befasisht, bombat të bënin rikoshetë mbi kërpudhën e betontë, ama Taulanti do ta vazhdonte dashurinë e tij derisa ofshamat e Sajmirës të këputeshin në kapitol. Atëherë le të fillonte vërtet lufta, domethënë "pas meje *deluge*".

E dija se ç'po bëja; ngaqë nuk i solla dot tek bunkerët e vegjël pa dëm e rrezik, po mundohesha t'i mbaja tek bunkeri i madh, të përhumbur tek njëri-tjetri, dy njerëz primitivë që duan të vizatojnë muret e shpellës, ose ajo me kokën mbi gjoksin e tij, në pozën klasike, ku ai pi duhan duke parë kubenë i përhumbur, të dy të shuar si dy gonxhe të posakëputura të vëna kryq, duke shijuar heshtjen e përkushtimit dhe duke parë me ironi gjithë botën me shqetësimet e saj të vockla. Po mundohesha t'i mbaja sa më shumë ashtu, teksa një ushtar patjetër qimeverdhë e i puzhitur, nuk mungon e vjen, e është duke mbyllur derën kryesore nga jashtë, pa parë brenda, si të ish një punonjëse hoteli që respekton "mos shqetëso" tek dera, e jo një ushtar lapurak i repartit idiot N, që nuk e mësoi se para se të mbyllësh një bunker nga përjashta duhet të kontrollosh se mos brenda është futur ndonjë kafshë a njeri, ashtu thjesht për të kryer një nevojë. Qimeverdhi e mbyll derën në mënyrën me idiote të mundshme dhe ikën duke vërshëllyer një këngë edhe më të marrë, të cilën e pështyn vazhdimisht. Ai zhduket pas kodrave, erdhi, pa, helmoi, aq ish misioni i tij luftarak, dhe qysh tani bunkeri merr pamjen e rëndë të një mauzoleu, betoni i ngryset, i murrmet frëngjia, ata brenda nuk dinë gjë, ata dinë vetëm se duhet të ngrihen, dhe ushtarakisht, duke ecur me të shpejtë ato dy-treqind metra deri tek rruga që të çon tek peshorja, ajo përpara dhe ai më pas, të bëhen pjesë e udhëtarëve rastësorë të rrugës që është një justifikim i bekuar me çakëll që mund të çojë kudo e të sjellë prej gjithkund tani, në rast nevoje. Ai patjetër ka bërë një shaka dhe ajo ka qeshur, e lumtur që i dashuri i saj ka humor. Gjithnjë përpara hatave njerëzit bëjnë shaka. Janë puthur edhe një herë, i kanë përsëritur njëri-tjetrit dashurinë, ato fjalë që janë të vetmet që nuk e humbin kuptimin nga përsëritja, dhe ai ka bërë të dalë i pari duke e shtyrë lehtë derën, e cila nuk hapet. Ai e shtyn edhe një herë, më fort, me vendosmëri, por shikon i çmeritur që ajo derë nuk hapet. Është një marrëzi, por ja që nuk hapet!

Oh, pa fjalë janë tmerruar, janë përpjekur të hapin derën me të gjitha forcat, kanë goditur me shkelma atë mbyllje të shurdhër, kanë bërtitur me sa u kanë ngrënë mushkritë nga frëngjitë e vogla, se mos i dëgjonte kush, por atje s'ka qenë askush... I mendoj kur të dy e kanë kuptuar të tmerruar se janë kapur në një çark të përçudur llahtari, pa dalje, sa më e marrë që duket kjo, aq më e pashpresë bëhet, mirë ajër kanë, por ushqim... familjet ç'do thonë, janë tmerruar edhe një herë, i kanë bërë të gjitha përpjekjet prapë, këtë herë më dobët, se fuqitë i kanë lënë ca, dhe shpresa po ashtu, e kur dëshpërimi maskohet si shpresë, me atë ai po merr gllënjkën fundore të helmit... Jo, nuk dua t'i mendoj duke lënguar, duke vdekur ngadalë... Janë ulur ashtu të dërrmuar, mbështetur pas murit të ftohtë të çimentos. Nuk e shohin dot me sy kashtën e shpërndarë shrregullt nga dashuria e stuhishme pak më parë. Është e pamundur të kenë qenë ata. Si u dhanë ashtu pas një gjëje aq të pakuptimtë, shtazore, hungëritëse, asaj marramendjeje boshe që mbaron gjithnjë njësoj, me një prishje të gjithë sistemit të gjërave, çfarë ka aq të parezistueshme ajo gjë e neveritshme?

Mos kushedi e kanë urryer njëri-tjetrin, ti i poshtër na solle në këtë gjendje, ose po të mos ishte për ato qeshjet e tua dhe spërdredhjen tënde, s'do kishim përfunduar kurrë kështu? Oh, s'dua të mendoj as se kush ka vdekur i pari dhe e ka parë tjetri ashtu, pse duhet të vuajmë kësisoji, ç'kemi bërë?

IV.

Po, për bunkerët ishte ndryshe. Heshtje fshatçe. Që gërryejnë më shumë se gërrmërret më të mëdha. Ato i prodhojnë gjysmëhyjnitë. Ashtu kishte heshtur fshati edhe për një çift që vrau veten dikur, ngaqë u nxori llafe. Fshati kish përvojë në gjëra të tilla, siç kish përvojë në fejesa të sikletshme: plagë e fshehur nën kind. Shshshttt.

Heshtja erdhi rrotull, si krah mulliri për kafe. Ndaloi. Radhë e Ilmiut. Sigurisht. Analitiku i sofrës. Me sheshpushimet disasekondëshe mes fjalive:

- Myfit, ta paçim hua. Të lumshin duart dhe ty Nexhip. E kishe qarë.

Këtu Ilmiu thithi diçka mes dhëmbëve siç e kish zakon para se të thoshte diçka që kërkonte vëmendje:

- Por prapë, si ai mishi i qëmotit sepse nuk ishte, - tha më në fund.

Fjalia e fundit qe si një këmbëz që tërhiqet ngadalë; vendim i mirëmenduar gjyqi.

- Mishin e bën kripa.

- Jo, mishin e bën kullota.

- As kripa, as kullota. E bën ajri, liria, lëvizja.

Kasemi ky, natyrisht.

- Mirë, mirë… E morëm vesh.

- Po ja, më thoni, pse mishi i Jugut është ndryshe nga ai i Veriut. Delja shkodrane, e madhe, dyfishi i cangadheve tona, bashkëbukur si ajo. E prapë, çoç i mungon… s'e kaaa… atë shafranë…

- Mos iu gëzoni trupit të madh të bagëtisë. Trup' i madh s'ka shije kurrë. S'thonë kot, i shkurtri për lezet. Hë hë hë...

- Po shih edhe rrushin, o. Kur hardalloset e jeshilon, s'ke ç'e do as për…

- Rrush nitrati, pirdhi në të.

- Ee, *ajq'*!

- Qingj bunkeri. Nuk është rritur në liri. S'ka si shijon tjetër.

- Po, "zoti Sem". E morëm vesh.

Burrat panë nga Ilmiu për analizë, po ky bëri sikur ishte i zënë me dredhjen e cingarit. Kur e dredh, nuk dëgjon, thoshin gishtat e tij të mësuar.

U ngritën një e nga një. Ata i lidhte tashmë një pakt e përbetim. E pamendushme që këtë ta bënte një qengj aq i butë, e për më tepër një qengj i mjerë. Ikën në shtëpitë e tyre me një plotërim të pathënshëm me tjetërqysh, pos me fjalën "navasje".

Në ditët që pasuan me të zakonshmen pa mish, kur takoheshin, në fillim piqnin sytë, të lumtur për dijen e përbashkët e për të qenit të brendshëm.

Lutfi (pjesë ditari): "Cinzen"

Para pak ditësh erdhi një specialist zviceran për kullotat. Shkëmbim përvoje, i thonë. Një djalë i ri, i hajthëm, që më tepër mund të besohej se ishte muzikant, me ata gishtërinjtë e hollë, të cilët e mbanin pirunin dhe thikën me një sqimë që nuk arrinte ta fshihte përbuzjen. Peceta me të cilën fshiu buzët ishte prej letre. Letër e butë, e cila të sillte në mend letrat higjenike që përdorin tek Hotel Turizmi në qytet. Hasimi kishte vjedhur një të atillë letër nga hoteli dhe e solli një herë në fshat. Ishte si rul. E butë. Më dha pak se ia kërkova. E vura gjatë në faqe atë butësi. Më solli në mend brekë grash të bukura, grash qyteti, që s'i kam parë kurrë, vërtet, por meqë jam poet, mundem. Më lejohet.

Zviceranit i vunë përpara mish qingji. Shoqëruesi që fliste gjermanisht, hëngri edhe ai. Një shqiptar që ha qingj! Gjindja përreth klubit u kreshpërua, siç bën sa herë ndodh një gjë e tillë; që një i huaj të hajë qingj, kjo edhe hahet, por kur një tjetër shqiptar, bir nënash si ne, domethënë... Nurua i Zurdos preu dy krahë kumbulle nga inati. I kemi djegur jetë e mot kullotat e dalin përbukuri, kishte thënë, ç'thotë ky bumbashiri tani? Thotë që djegia është e keqe, Nuro. Mos more!

Dikur zvicerani kish pyetur si i thonë qingjit shqip. Kur ia thanë, pati një si ngërç. U habitëm pse ai nuk e thoshte dot as q-ënë, as gj-ënë. Cinz... cinz..., mërmëriste zvicerani. Pastaj shtoi: Ne kështu i themi përqindjes së fitimit. Cinzen. Fito, or qen, kishte shkumëzuar Nurua. Fito, or bir bushtre!

V.

Një shkencëtar çifut thonë se ka gjetur mjetin për të zhdukur urinë e përbotshme. Është një bimë magjike. Quhet *sojë*. Patjetër bimë e sojme. Eksperti erdhi nga qendra, nga një institut bujqësie. Quhej Selim Vora. Erdhi fill pas zviceranit. Këtij nuk i bënë mish. Ky nuk kish nevojë për përkthyes…, të shumtën e herëve. Le që t'i bënin mish kjo do t'ishte tallje, sepse ai pikërisht për atë po vinte. Me magjinë e sojit të sojës. Përvoja të vjetra të përbotshme, tha. Si dhe shkencë bashkëkohore. Sikur gjithë ç'harxhojmë për blegtori, këto jonxhishte pa fund e këto misërishte t'i mbillnim sojë, vazhdoi, do t'i themi tutje çdo problemi. Fjala fukarallëk mbeti varur në dorezën e dritares së sallës së mbledhjes. Si këmishë vape. Do t'i kemi të gjitha, tha Selimi, qumësht soje, djathë soje (këtij i tha edhe emrin, që u harrua aty për aty), qofte soje, bërxolla soje… Në sytë e tij përshkënditi një ngazëllim i qashtër. Ai ishte vërtet një misionar. Gjindja e dëgjonte e nemitur. Në sytë e grave plaka vizllonte e përkorë një "si të thuaç ti, o bir".

Gjindja ç'është e vërteta u mësua me shkencëtarët e qendrës. Para ca kohësh, erdhi një profesor i dëgjuar dhe foli për mrekullinë e kafes së elbit dhe çikores, dhe dëmet e kafes së importuar, e cila kish diçka që të linte pa gjumë, pa le që të acidifikokësh trupin, ta bëkësh uthull… *që prish enën e vet*. Që nga ajo kohë, në klubin lart nuk shërbejnë më kafe-kafe, por kafe elbi. Dhe nuk është mirë të thuash që s'të pëlqen. Pasi e pi, mundohu që bëzhdilat e fundit që të kanë mbetur ndër dhëmbë, t'i nxjerrësh me gjuhë, me kujdes, pa rënë shumë në sy, se duket sikur e bën me kast.

U caktuan parcelat që do të mbjellim me sojë. Kjo u la si nismë. Si gjithnjë, nga fshati ynë do shpërhapej e reja, e përparuara. Ndërkaq, filloi trajnimi për përgatitjen e produkteve të sojës. U bë qumështi i sojës, kosi, dhe po përgatiteshin qoftet dhe biftekët. Nexhipi i mensës nuk e fshihte dot çmeritjen. Selimi erdhi përsëri – këtë punë ai e quante "projekt". Përdori fjalët *herbivor* dhe *karnivor*, që pak më pas mësuam që do të thoshin barngrënës dhe mishngrënës. Ia ngjitën llagapin Herbo Vora. E keni parë gjë atë Herbon rrotull, mo? Ai organizoi takimin e parë për përurimin fshatçe të bërxollave të sojës. Nexhipi vërtitej i hutuar. Erdhi sinia e mbushur plot me copa të pjekura, të cilat kishin diçka tradhtare në bronxin e tyre. Herbua mori një copë në dorë dhe mbajti një fjalim të shkurtër. Jemi para një çasti historik, tha. Pasi foli për mrekullinë edhe një herë, e mbylli duke uruar "na bëftë mirë, shokë", dhe i nguli dhëmbët plot dëshirë copës që mbante në dorë, e vërtiti ca në gojë, duke e shijuar dukshëm, e gëlltiti pastaj duke bërë "mmm" nga kënaqësia, dhe i ftoi të gjithë me një lëvizje të dorës të merrnin. Të gjithë morën nga një copë, e mbanin në dorë, i merrnin erë, dhe në fund i ngulnin me ngurrim dhëmbët me një kafshatë të vockël, sa më të vockël... U stepën, s'po dinte ç'të thosh njeri, një qeshje e menduar-sëkëlldisur kapte nofullat dhe i pengonte nga bluarja... Herbua tha: Ja, sa të mësoheni..., se nuk jeni mësuar. Vetëm Lakja po hante si i babëzitur, po Lakja ha çdo gjë. Lakja në ushtri ka fituar bastet e dynjasë me të ngrënë. A ka kripë?, pyeti duke u mbllaçitur. Nexhipi ia solli si i tromaksuar, ndërsa Herbua që e shihte me përdëllim buzëqeshës dishepullin e parë, tregoi nga Lakja me dorë duke thënë "ja, e shihni?".

Atë çast ia behën ca djemuri nga mëhalla e sipërme duke britur sa kishin në kokë se çoç kishin parë në qiell, një gjë të rrumbullt, flisnin duke ndërprerë njëri-tjetrin, një ezhdërha që u shfaq nga reja e u zhduk prapë në të. Të gjithë u gëzuan, sepse me atë rast mund të flaknin bërxollat e sojës duke bërë kinse të interesuarin, ku, çfarë, si.

Lutfi (pjesë ditari): "Pa titull"

Kumtesa e zotit Herbo Vora më ka ngacmuar, doja të bëja një poezi kundërshtuese, me metaforë, por nuk lidhej. Arrita të shkruaja vetëm dy vargje:

Mjerimit të ujqve kush s'u këndoi,
Ata nuk duan më mjegull shtëllungash,

dhe më tepër nuk ecte. Pastaj vetiu m'u ngjiz një kundër-kumtesë, prej një folësi kundërshtar, të cilin e pagëzova Karno Vora.

VI.

Marrëdhënia me mishin e pjekur vazhdoi problemore, doktrinare dhe fetishe, siç ndodh me çdo gjë të madhe dhe specieformuese; judat, skizmat, herezia, dhe mosmirënjohja nuk munguan. Fitorja e vërtetë, ajo e para me prushin e me kërkushin, që habitej sesi gjaku zhdukej me magji dhe ngjyra e kuqe bronzohej me cërritje erëmirë, u harrua shpejt. E shpallën mishin e pjekur (tash që e shtinë në dorë) kryearmik, krijuan sekte vegjetarianësh me joshje emrash të mëdhenj, Tolstoi, McCartney, mishi i kuq thanë që është vdekjeprurës, të sklerozon, të bën impotent (ah, djalli di ku godet!), e shumëzuan rrezikun me damllara shpendësh e gripe derrash e derra të mallkuar, shkuan deri atje sa i çmendën lopët dhe fëminitë i mbushën me frikën e gjithfarë oksiuresh e shiritash me fytyra skëterre, me thonj llahtari e gremça të përbindshëm parazitë që mezi ç'prisnin të nguleshin në brenditë e buta të zorrëve njerëzore. Sallam i derrit, harram i Ferrit! Mos e ha pa skuqur!!! Zhapat e kërcta të pulave, ato kuintesenca shijesh e pothuaj qëllim jete, i bënë të frikshme si t'ishin mantel centauri e jo zhapa pule: dy binjakë, Koli dhe Steroli, patrullonin si SS-të në dimër. Escher-ichia Koli. Kushëriri gri.

Zotat po hakmerreshin vonë me të vegjetarinët e vjetër.

* * *

Nderet tym i verdhë squfuri mbi prroskat e ckërkat me zhur kripe që rrëgjon të butët. Vjen nga Juga e thellë një vetimë rreziku prej qirinjsh dhe hojesh. *Dhjamë e dyllë të pikova, por dot besën s'ta ndërrova...* Po piqej një njeri në hell nga Jusuf Arapi. Zjarri merrte hak njeriu. Para se të shkrinte metale, zjarri piqte; ajo përralla e gurëve-minerale pranë tij që filluan të shkrijnë nga nxehtësia, edhe pse jo e pamundur, është shumë e pagjasë. Zjarri u bë Zjarr vetëm ngaqë poqi. Zotat në orgjira u gëzoheshin hajeve, sepse vdekatarët e thjeshtë atje poshtë as që e kishin idenë që ato ekzistonin - ekskluziviteti mposht dhe perënditë. Ndaj dhe u zemëruan aq shumë me tradhtinë e zjarrit. *Hanko rënkimadhe, o Hava, moj Erë. Copë-copë ia bënë mëlçinë... edhe zëmrënë.*

Ngrënia e mishit ishte aksioni i parë demokratik që i pruri njerëzit një hap më pranë me shefat atje lart, apo që i zbriti shefat atje lart një çikë më poshtë drejt tokës. Nuk ishte vetëm punë shijeje. Më shumë se gjuha, prej shijes së re u habitën nofullat, ngaqë aspak nuk u lodhën me ushqimin e ri. Energjia nuk u shua në krahët e nofullave të poshtme, por kaloi ndanë tyre dhe të sipërmeve, dhe u fut për herë të parë në kthinën e kafkës, ku gjendej një muskul i ngordhur, i bardhë.

Lutfi (pjesë ditari): "Sot"

Sot pashë Llanon që u kthye nga gjuetia. Llanua është shitësi i fshatit dhe më i talentuari ndër burra, di gjithçka, i ka mësuar në të ri në shkollën e Fullcit, shpallur armik ky, por Llanon e ka mësuar për çdo gjë, përveç që atij i vjen edhe vetë ndoresh. Llanua mban bletë me ca koshere andej nga mali, ku të lenë të mbash të tilla, e ndajnë mjaltin përgjysmë me malësorin-mik, Llanua di të bëjë e mbajë bahçe, perime lloje-lloje, por që kur e ngushtuan oborrin jep e merr me ca purteka që i vë anash mureve për një fasule e gjë, Llanua di të peshkojë, i njeh të gjithë emrat e peshqve, të gjithë thonë që e kënaqi të shoqen që mezi luan bythët. Por mbi të gjitha Llanua është gjahtar. Di të gjuajë me çifte, ngre çarqe e kap lloj-lloj kafshësh pylli, si ai. Kur kam parë një film fllëng me një gjuetar të tillë që ia thoshin Blerò (më pëlqen ky emër, blero), përdesh thirra "Ky qenka si Llanua ynë!" Por sot pashë Llanon që ishte kthyer duarbosh. As gjah, as gjë. Dukej si një shenjë e keqe. S'e besonte dot as vetë. Gjah e gjësend nuk i kish dalë përpara, çarqet të gjitha ngrehur, siç i kish lënë. Pse kështu Llano?, e pyeta. Qeshi si me mllef dhe tha vetëm: Harro mushkë Valarenë, Ali Pashanë e prenë. Nuk e pyeta më. Keq për të buta, keq për të egra, tha.

Turp të them, por kur pashë Llanon që shtyu derën e u fut në shtëpi duarbosh, më zu një ngashërim që frynte si murlan në brinjë. Janë shtuar gjërat që më ngashërejnë, thua jam ndonjë sevdalli i thekur, molepsur me sir floçke.

Epilog

Alieni i diskut PO3 pa edhe një herë me shpresë se mos sinjali regëtitës nga Shqipëria e Jugut përpëlitej prapë mbi ekran. Por përsëri asgjë. Mund që ish ndonjë gabim në sistemin e shfaqjes së të dhënave. Kontrolloi të gjitha gabimet e mundshme në përpunim, por nuk gjeti gjë. Në koordinatën e saktë deri në centimetra tokësorë të sistemit cgs tani dilte vetëm një asgjë heshtëse. Duhej ta shikonte vetë ç'ish ajo pikë në të vërtetë. Dhe bëri atë që, edhe pse nuk ua ndalonin kategorikisht, "fuqimisht nuk ua këshillonin": u afrua fare afër Tokës, nën re, ku mund të vëzhgonte me optikën tokësore të thjerrëzave dhe spektrit të dukshëm, me rezolucion milimetërsh në cgs. U habit nga ajo që pa. Përsëri një "gosti" tokësorësh sipas manualit, pjesa mbi përvetimin karnal. Por asnjë sinjal nuk vinte që të dëftente praninë tipike të proteinave muskulore dhe yndyrnave të ngopura. Si gjithnjë në të tilla raste, pa disa koka të stërhabitura njerëzish që e shikonin duke mos u besuar syve. Por këtë herë ishte ai që nuk po kapte vërtet më asgjë. I hutuar nga ky vend, me një ngërç algoritmik që në tokësorçe mund të përshtatej me "s'të mora vesh një herë", u largua rrufeshëm pas reve duke u futur në zonat e zakonshme të qëndrimit të alienëve, në atmosferën e sipërme.

New York City, 2012- 2013

PASQYRA E LËNDËS

Made in the USA
Charleston, SC
24 May 2016